ESSAI

SUR

CHATEAUBRIAND

PARIS. — IMPRIMERIE PAUL DUPONT
rue de Grenelle-Saint-Honoré, 45.

ESSAI

SUR

CHATEAUBRIAND

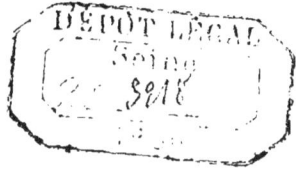

PARIS

LIBRAIRIE ADMINISTRATIVE DE PAUL DUPONT

RUE DE GRENELLE-SAINT-HONORÉ. 45

1866

INTRODUCTION

Le *Génie du Christianisme*, les *Martyrs*, l'*Itinéraire de Paris
à Jérusalem* ont été les lectures de prédilection des premières années
de ma jeunesse; les publications politiques de 1814 et 1815, du
même auteur, ont passé inaperçues pour moi : mon âge m'avait
mis un bandeau sur les yeux et m'a préservé des désillusions;
plus tard, je suivis avec un intérêt croissant, dans la carrière
politique, l'illustre poëte. La lutte de Chateaubriand contre M. de
Villèle et contre les adversaires des libertés publiquesme p arut
admirable de talent, d'abnégation et de courage; mon enthousiasme
pour l'écrivain n'eut pas beaucoup de peine à monter jusqu'à
l'homme; puis, un jour, le hasard m'amenait à Saint-Malo, et cette
ville devenait ma patrie d'adoption. Je me trouvais là au milieu
des souvenirs de l'enfance et de l'adolescence de Chateaubriand; préparé comme je l'étais, je vis avec une émotion que le temps a affaiblie sans la détruire la maison où est né l'illustre auteur de tant
de belles choses, la rue qu'il a naguère habitée, les grèves qu'il a
parcourues, la mer qu'il a aimée, et le vieux manoir de Combourg,
portant fièrement l'orgueil des plus nobles traditions; plus tard, j'ai

assisté à ses funérailles, où le deuil disparaissait sous le triomphe, et je verrai bientôt la statue du grand homme se dresser sur l'une des places de la cité qui l'a vu naître.

Je me suis plu à rassembler des souvenirs précieusement conservés; j'ai compulsé des documents, j'ai lu beaucoup de choses écrites sur Chateaubriand : critiques, louanges, accusations; de tout cela je me suis formé une opinion que je livre à mes amis.

Notre époque d'ailleurs est propre à un pareil travail; beaucoup l'ont fait pour des hommes dont le malheur, l'élévation ou la vertu les ont frappés : que de réhabilitations sont sorties de ces recherches; que de noms oubliés ou méconnus ont brillé d'un éclat tout nouveau à nos yeux étonnés! C'est l'honneur de la France d'avoir, dans ce retour vers les choses du passé, cherché avant tout la vérité, déversant le blâme sur tout ce qui est vil et honteux, honorant ce qui est digne de louange et s'inclinant avec respect devant le malheur, mais n'oubliant jamais que le blâme n'a d'enseignement et d'autorité qu'autant qu'il est juste, que la louange n'a de prix et de dignité qu'autant qu'elle se mesure à l'importance des services rendus. Sans prétendre nous élever aussi haut que la plupart de ceux qui nous ont précédé dans cette voie, nous avons pensé que la pierre du plus humble ouvrier contribuait à la construction de l'édifice.

L'histoire des hommes illustres est comme celle des peuples : elle est courte, si leur vie a été calme et heureuse; elle est longue, si leur vie a été agitée par les passions et les orages. L'histoire de Chateaubriand, s'il est permis d'appeler cet essai d'un nom si ambitieux, sera donc longue : elle commence avec les premières luttes de 1789, elle finit avec les dernières convulsions de la révolution de 1848. L'homme a été aussi agité par les affaires publiques que par ses propres passions; les années qui se sont écoulées entre sa naissance et sa mort ont été bien remplies pour lui comme pour le monde. Quelle vie fut plus remplie d'émotions, d'agitations de toutes sortes, de grandeurs et de misères? mais aussi quel siècle fut plus fécond en événements? Qui pourrait compter les trônes renversés, les dynasties détruites, les empires fondés, les guerres entreprises, les victoires et les défaites, les crimes et les vertus? La vérité et l'erreur, le bien et le mal, le juste et l'injuste sont mêlés et confondus à égarer la raison, et dans ce labyrinthe nous voyons l'homme, abandonné à ses propres forces, trompé par les lueurs vacillantes d'une philosophie rationaliste, chercher sa route en hésitant; mais quand les âmes vulgaires ploient et s'affaissent, les nobles cœurs résistent, s'élèvent, attirent la foule, et si la foule aveugle ne les suit pas, ils marchent seuls, sans hésitation et sans crainte, appuyés sur la grande idée qui les guide. Chateaubriand, les yeux levés vers le ciel, la main sur sa conscience, a marché droit devant lui, ne se laissant séduire ni par les promesses, ni par de brillantes erreurs, résistant à la fascination de la gloire et du génie, à l'éclat du trône, aux charmes du pouvoir, aux flatteries de la popularité, n'ayant ni défaillances honteuses, ni lâches complaisances, et s'arrêtant quelquefois pour jeter au crime l'anathème de sa réprobation !

Dans cette carrière semée d'obstacles en tous genres, Chateaubriand a trébuché quelquefois, mais il s'est toujours relevé pur et honnête ; quand le courage civil, usé par le régime de 1793, achevait de se perdre dans le silence et dans l'admiration, la générosité et l'indépendance de son caractère ont résisté à toutes les épreuves. Il s'est montré toujours prêt à sacrifier sa position, sa fortune, son avenir à la défense d'une grande idée ou d'une noble infortune ; fidèle à ses principes, il a pu dire de lui-même : les grandes lignes de mon existence n'ont jamais fléchi. Combien peu, parmi les contemporains, ont pu rendre un semblable témoignage à leur passé ! C'est par ces traits que nous l'avons aimé ; mais c'est l'inimitable écrivain, bien plus que l'homme politique, qui s'est acquis une gloire impérissable.

Je ferai dans cet essai, à mesure que les événements se dérouleront sous ma plume, le compte des erreurs et des mérites de l'homme, de l'écrivain et du publiciste, et je m'efforcerai de rester dans les limites de la justice, sans me laisser entraîner dans mes jugements, ni par les fautes que je déplore, ni par les qualités que j'admire.

ESSAI

CHATEAUBRIAND

PREMIÈRE PARTIE

de 1768 à 1814

LE GENTILHOMME ET L'ÉCRIVAIN

CHATEAUBRIAND (François-René) naquit à Saint-Malo le 4 septembre 1768, dans un petit hôtel d'une rue fort étroite appelée la rue
des Juifs. Sa famille occupait un rang distingué dans la noblesse de
Bretagne; elle habitait la ville une partie de l'année, résidait au château
de Combourg pendant la belle saison, et finit même par en faire sa résidence habituelle.

Saint-Malo, vieille cité, pressé dans une ceinture de murs épais,
protégé par des rochers que le flux couvre et que le reflux découvre
deux fois chaque jour, relié à la terre ferme par une longue chaussée
que le peuple, dans son langage pittoresque et vrai, a nommée le Sillon;
Saint-Malo, nid de corsaires, bâti sur un bloc de granit, au fond d'une

baie profonde, et d'où se sont élancés tant de hardis marins pour
découvrir des mondes nouveaux, pour combattre les ennemis de la
patrie !

Combourg, dont la fondation remonte au commencement du xii⁰ siècle, et dont la masse imposante et la lourde architecture ont résisté au
temps et aux révolutions, vieux château construit pour la guerre, alors
que la violence régnait sans partage, mais au temps dont nous parlons
forteresse entourée par la tranquille population d'un paisible village !

Le comte de Chateaubriand n'avait ni hommes d'armes à commander,
ni vasseaux à contenir, ni ennemis à redouter ; il voyait dans la possession de ce château la satisfaction de son orgueil, bien plus que son
propre bien-être et celui de sa famille; c'étaient comme les insignes
d'une dignité qui n'avait plus sa raison d'être, et qui devait bientôt
disparaître elle-même pour faire place à une puissance dont le monde
ne connaissait pas la force, et qui allait, débordant de toutes parts
comme un torrent furieux, emporter, avec les vieilles institutions, la
noblesse, le clergé et la royauté.

Les premières années de René de Chateaubriand s'écoulèrent, tantôt
à Saint-Malo et tantôt à Combourg, sans aucun de ces incidents qui
annoncent l'avenir et dénotent une nature supérieure.

La mer, se brisant aux pieds des murs qui protégeaient son berceau, a
mêlé le bruit de ses flots à ses vagissements ; comme tous les robustes
enfants de ce pays, il a essayé ses pas incertains sur le velours doré
de cette grève où le char funèbre qui porta sa dépouille mortelle a tracé
son dernier et pénible sillon; ses premiers regards se sont arrêtés sur
ce paysage, dont la majesté s'est si profondément gravée dans sa mémoire; il s'est baigné dans les eaux limpides de cette mer pour laquelle il a conservé tant d'amour. Puis quittant Saint-Malo pour
la campagne, d'autres aspects l'impressionnaient, d'autres émotions
le frappaient. Sombre et pensif déjà, comme s'il eût porté dans son sein
le secret de ses futures destinées, il se plaisait à entendre du haut de
la tour du More les sifflements de la bise d'automne et le cri sinistre

du corbeau, à contempler pendant de longues heures la lande uniforme, désolée, silencieuse, qui s'étend au loin sous un ciel brumeux... ;
il aimait à voir, de la fenêtre de sa chambre, l'église du village et sa
flèche penchée sous le poids des années, à écouter la cloche qui annonce l'heure de la prière, et la vie et la mort ; et quand les dernières
vibrations du son s'étaient perdues en bourdonnant dans les airs, il
écoutait encore; il a promené ses tristesses à l'ombre des grands
arbres et au bord du lac solitaire. Tantôt sa pensée suivait les longues
files d'oiseaux voyageurs qui passent : d'où viennent-ils ? où vont-ils ?
Tantôt son œil, voilé par une expression indéfinissable d'abattement,
cherchait dans la profondeur des eaux un avenir inconnu..... Seule,
une sœur, consumée du même mal peut-être, semblait comprendre le
mal qui consumait son frère..... L'espérance au doux sourire ne lui
apporta pas ses fraîches illusions..... l'obscurité des nuits lui donnait
de vagues terreurs, la lumière du soleil ne réjouissait pas son cœur.....
ses jeunes printemps s'écoulaient au milieu des fantômes qui peu-
plaient les solitudes dans lesquelles errait son âme..... « Les souvenirs
de ma jeunesse, disait-il, sont doux et tristes à la fois. »

La mer, que l'on ne peut contempler sans éprouver un sentiment
d'admiration et d'émotion profonde, soit que calme et unie elle se
perde dans l'espace, soit que soulevée en montagnes écumantes elle
se brise sur le rivage et semble se révolter et s'indigner contre les
limites que la volonté de Dieu lui a imposées ; Combourg et ses environs, pleins de silence, de tristesse et de mystère; la vie grave et
monotone de la famille, qu'aucun incident ne venait troubler ; un père
qui ne révélait sa rude présence que par la crainte qu'il inspirait à
tous..... ces circonstances diverses ont imprimé dans l'âme de Chateaubriand cette incompréhensible mélancolie qu'il a portée partout avec
lui, et ces fortes aspirations vers l'infini qui ont donné à son style
un caractère prophétique et religieux. Cependant des études sérieuses,
suivies avec une certaine ardeur, l'arrachèrent à ces rêves; l'enfant
grandit, il devint homme. Alors le choix d'un état occupe sa famille,
la carrière des armes lui est ouverte.....; il faut partir! Sa mère : qui
pourrait dire tout ce qu'il y a d'amour et de dévouement dans le cœur
d'une mère? sa mère, résignée au douloureux sacrifice, demande à Dieu

de prendre son René par la main et de le conduire dans le bon chemin
à travers les précipices du monde; son père, l'austère gentilhomme,
l'impassible marin, dissimule mal la peine qu'il éprouve : sa voix émue
tremble en disant adieu à son fils ! Il part, regrettant ceux qu'il aime,
ceux dont il est si sûr d'être aimé ; mais à dix-huit ans les chagrins durent peu, les affections qu'on laisse sont promptement remplacées par
d'autres affections, et les plaisirs d'une nouvelle vie font bientôt oublier
le toit paternel.

La *Gazette de France* du 27 février 1787 publia pour la première
fois ce nom qui, pendant cinquante années, devait retentir dans le
monde, et annonça que le chevalier de Chateaubriand avait été admis
à l'honneur de monter dans les carrosses du roi et à suivre la chasse de
Sa Majesté ! Les débuts du jeune gentilhomme à la cour ne furent pas
heureux. Sa nature timide et un peu gauche demandait un autre
théâtre. Il essaya de la vie militaire, mais ce n'était pas encore là sa
vocation ; à peine arrivé à son régiment, il le quitte, déjà dégoûté du
service, revient à Paris, où il se livre avec ardeur à l'étude. Il recherche
la société des hommes les plus célèbres de cette époque dans la politique, dans les sciences, dans les lettres, dans les arts. Le comte de
Chateaubriand, son frère aîné, avait épousé mademoiselle de Rosambo,
petite-fille de M. de Malesherbes, et le mit en rapport avec ce grand
seigneur philosophe, qui accomplit peu d'années après, avec une noble
simplicité, un acte de sublime dévouement et dont le martyre couronna
la vie.

Cependant un nouvel avenir se préparait ; on parlait partout d'abus,
de réformes, de déficit, de banqueroute. Les Français, indifférents
naguère aux choses du gouvernement, s'en préoccupaient avec passion ; Louis XVI, qui aimait sincèrement le peuple, jugeait lui-même
qu'il était indispensable de modifier la constitution, et, attaqué de toutes
parts, l'édifice de la monarchie, si péniblement construit pendant qua-
torze siècles par une longue suite de rois, était à la veille de subir une
transformation.

Chateaubriand, séduit comme tant d'autres par ces idées généreuses et cette immense aspiration d'un peuple vers la liberté, fut entraîné dans ce mouvement, pur alors et plein de grandeur : il partagea les illusions de tout ce que la France comptait d'hommes éclairés ; avec eux il pensait que les états généraux, qui devaient se réunir prochainement, mettraient fin à tous les embarras du gouvernement et donneraient satisfaction à toutes les espérances.

Il était venu voir sa famille à Combourg, quand les états de la noblesse de Bretagne s'assemblèrent à Rennes. Quoique trop jeune pour avoir voix délibérative, il fut cependant convoqué. Il assista aux séances de cette diète provinciale, et fut mêlé, sans cependant y prendre une part active, aux troubles dont les discussions furent l'occasion ou le prétexte : jeu d'écoliers en vacances, en comparaison de ce qui allait bientôt advenir ! Ces débats le retinrent quelque temps dans sa province, et lorsqu'il revint à Paris, les états généraux avaient été ouverts, et l'on sait avec quel solennité ! Le tiers état s'était constitué en assemblée nationale, les députés avaient prêté le serment du Jeu de Paume ! Ces luttes agitaient profondément toutes les classes de citoyens, l'émotion avait gagné le peuple lui-même, et la révolte était déjà dans les esprits ; toutefois la société existait avec toutes ses nuances, les distinctions n'avaient pas disparu sous le niveau de l'égalité, le roi régnait encore ; mais, hélas ! son pouvoir ne dépassait guère les limites du palais de Versailles.

Chateaubriand assista en curieux à la prise de la Bastille ; il vit le peuple démolir avec une ardeur fébrile cette odieuse forteresse, il vit le triomphe des vainqueurs ; triste et facile victoire, mais fait politique immense : c'était le réveil du peuple ! La cour fut très-effrayée ; les princes, aveuglés par la peur, commencèrent ce fatal mouvement de l'émigration qui enleva à la monarchie ses meilleurs défenseurs ; une partie de la noblesse et du haut clergé suivit cet exemple. Peu de jours après, spectacle plus douloureux, Chateaubriand vit les têtes de MM. Foulon et Berthier portées, chacune au bout d'une pique, par deux hommes ivres et déguenillés, suivis d'une troupe d'hommes et de femmes plus dégoûtants et plus avinés encore ! Oh ! alors, il recule épouvanté ; la révolution lui apparaît dans toute sa laideur ; ses premières

illusions se dissipent devant la réalité des faits. Honteux de tels excès
et n'osant pas en prévoir de plus grands, il prend la résolution de
voyager pendant quelque temps et de passer aux États-Unis. Voulant
donner un but utile à son voyage, il résolut d'aller à la recherche du
passage au nord-ouest du continent américain, ne calculant, dans son
ardeur, ni le temps, ni l'espace, ni les obstacles. Ce grand problème
de géographie occupait dès lors le monde savant; sa solution devait
enflammer une jeune imagination avide de gloire et éprise de
l'inconnu.

Au mois de janvier 1791, il quitte Paris et va s'embarquer à Saint-
Malo, sur un navire en partance pour Baltimore. A peine débarqué, il
se dirige vers Philadelphie afin d'y rencontrer Washington, pour lequel
il a des lettres de recommandation. Il vit en effet le fondateur de
l'Union américaine dans la majesté de la plus extrême simplicité. Il
lui fait part du but de son voyage, lui explique ses vues, ses plans
avec tant de chaleur, de conviction et de confiance dans le succès, que
Washington, qui avait d'abord écouté le jeune voyageur en souriant d'un
air de doute, oublia bientôt son inexpérience et sa faiblesse, devint grave
et bienveillant, et lui dit en lui tendant la main : « C'est bien ! »

Le lendemain, Chateaubriand continuait son voyage. Les dernières
traces de la civilisation ont disparu ; il se trouve seul avec bonheur sur
cette terre dont le passé n'est écrit nulle part, au milieu de cette nature
primitive, objet de ses rêves ; il foule avec une indicible joie ce sol sur
lequel le pied de l'homme n'a laissé aucune trace ; il s'enivre de liberté, de solitude, de poésie, et ses poumons se dilatent au souffle em-
baumé des brises du désert !..... Ces forêts innommées que l'homme,
ce grand destructeur, n'a pas encore mutilées ; ces fleuves qui descen-
dent impétueux de montagnes inconnues et coulent au caprice de leurs
ondes dans l'immensité des plaines; ces savanes sans fin, ces prai-
ries sans bornes comme l'Océan ont laissé dans l'âme du poëte un souvenir qui ne s'est jamais effacé, et qui a créé à son génie des routes
nouvelles. Sous le charme de ces impressions, ses récits et ses descriptions ont pris une vivacité de coloris et d'image supérieure à toutes
les créations de l'art.

Au milieu de l'éblouissement que lui causent toutes ces merveilles, la cataracte du Niagara produit sur son impressionnable imagination un si prodigieux effet, qu'attiré, fasciné par le gouffre, il allait s'y précipiter, et c'est par l'énergie de son guide qu'il fut arraché à une mort certaine et à un éternel oubli ! Il voyageait à cheval, n'ayant d'autre règle que sa fantaisie, d'autre abri que son manteau, oubliant le reste du monde, ses déceptions, ses injustices et ses tempêtes ; insoucieux du passé, plus insoucieux encore de l'avenir, ne désirant rien, heureux de vivre comme ces pauvres Indiens auxquels il allait quelquefois demander l'hospitalité. Ce fut dans un de ces villages qu'il rencontra deux Floridiennes qui venaient, comme lui, y demander l'aumône d'un abri contre la froidure et les dangers de la nuit. Elles se sentirent attirées vers l'homme blanc, elles vinrent se placer auprès de lui ; qui pourrait raconter quelles choses charmantes elles lui dirent dans un idiome dont les mots d'une autre langue ne sauraient rendre la douce mélodie ? Les notes de la musique ne redisent pas le gazouillement des oiseaux..... Quand le soleil dora de ses premiers rayons la cime la plus haute des arbres les plus élevés, elles s'éloignèrent et disparurent, ombres charmantes, dans l'immensité du désert..... Nous les retrouverons, ces jeunes filles : l'une, dont l'innocente vie et la mort ont fait couler tant de larmes, s'appellera Atala, et l'autre sera Celuta, qui fut la consolation de René !

Mais la vie de Chateaubriand ne devait pas s'écouler ainsi. Dieu lui réservait une plus noble mission, et l'heure du réveil avait sonné. Un jour, dans une de ces pauvres cabanes indiennes, un fragment de journal anglais, maculé, déchiré, lui tombe sous la main, et il lit : « Fuite du roi. » C'était le récit incomplet de la fuite de Louis XVI, de son arrestation à Varennes, de son retour à Paris et de la captivité du roi et de la famille royale. Il n'hésite pas un instant, à son éternel honneur ! il abandonne ses projets, il gagne le port le plus rapproché, traverse l'Océan, débarque au Havre et vient mettre son épée au service de son roi. Mais les défenseurs de la monarchie, par la plus généreuse erreur, sont sur les bords du Rhin, et c'est là qu'il faut aller. Avant de s'éloigner peut-être pour longtemps de la France, il était indispensable de prendre quelques arrangements, et c'est ce qui détermina Chateaubriand à faire le voyage de Saint-Malo. Là, il vit mademoiselle de La Vigne, riche héritière, appartenant comme lui-même à une famille distinguée; il l'épousa. Ce mariage fut des deux côtés, dans les circonstances d'alors, une étourderie de jeunesse; il causa même dans la ville quelque scandale, mais le bruit s'en perdit bientôt au milieu du bruit de plus graves événements.

Cette femme a été l'ange du foyer domestique, elle a eu toutes les vertus; sévère pour elle-même, très-occupée de bonnes œuvres, elle ne se souvint jamais d'avoir été délaissée; admirable de douceur et de patience, toujours prête à se sacrifier à un désir, à une volonté, à un caprice; pleine d'admiration pour celui dont elle portait le nom, ne voyant rien de plus grand et de plus beau que lui; cachant le blâme sous son dévouement, acceptant d'un cœur ferme et d'un front serein tout ce qui touchait à l'honneur de son mari : un jour, les dignités et la fortune, ce qu'elle aimait; le lendemain, la disgrâce et la pauvreté, ce qu'elle redoutait par-dessus tout. Sa vie fut un long sacrifice, accompli avec la plus inaltérable simplicité. Une estime tardive a seule récompensé un attachement si profond, un dévouement si complet. Le bonheur était là, et le bonheur, nous n'hésitons pas à le dire, l'illustre poëte ne l'a trouvé ni dans d'autres affections, ni dans la gloire.

A peine ce mariage accompli, Chateaubriand quitte femme, mère, sœurs, accourt à Paris et part pour l'armée des princes. Ses sympathies n'étaient ni pour les clubistes de France ni pour les émigrés; il ne voulait ni la liberté des uns ni la royauté des autres; mais son nom, sa famille, ses alliances paraissaient lui faire un devoir d'émigrer. Il rejoignit l'armée des princes sur les bords du Rhin ; on trouve qu'il arrive trop tard, on le repousse, et il est obligé de mettre l'épée à la main pour se faire admettre, comme simple soldat, dans une des compagnies bretonnes.

L'amour de la liberté, la haine de l'étranger, l'horreur des excès de la révolution recrutaient les armées; elles étaient le refuge de l'honneur français; la défense des frontières était pleine d'énergie, et la victoire encore indécise n'abandonnait pas le nouveau drapeau de la

France ; la fortune des combats, dans cette lutte inégale, ne devait être favorable ni aux étrangers, ni aux royalistes qui s'étaient faits leurs auxiliaires. L'armée prussienne, dont celle des princes formait une division, vint mettre le siége devant Thionville, et, après quelques jours de combat, fut obligée de se replier. Chateaubriand, blessé dans une de ces rencontres, atteint d'une affreuse maladie, ramassé par hasard au milieu des morts et des blessés dans le tumulte d'une retraite précipitée, est emmené dans un fourgon à Namur, déposé ensuite à Bruxelles, et admis par charité dans une pauvre maison du faubourg. Dès que ses forces lui permettent de faire quelques pas, se joignant à d'autres proscrits, il frète une barque pontée pour se rendre à Jersey. Plusieurs des membres de sa famille étaient venus chercher dans cette île, voisine de Saint-Malo, un refuge contre la révolution ; il arrive presque mourant, mais sa forte constitution et des soins intelligents triomphent promptement de la maladie et le rétablissent. Il se disposait à se joindre aux royalistes qui s'assemblaient en Bretagne, quand il apprit l'exécution de Louis XVI et les détails de ce procès odieux, où la victime, désignée à l'avance par les agitateurs, n'avait pas plus la liberté de la défense que les juges la liberté du jugement. Le nom du roi martyr est ce qu'il y a de plus pur et de plus saint dans le monde ; le nom de conventionnel....... Mais c'est assez pour nous d'avoir rendu justice à la victime....... crime, erreur ou faiblesse, que Dieu pardonne à tous ceux qui ont pris part à la sentence, et permette que le nom des coupables soit enseveli dans la nuit d'un éternel oubli !

Sauver le roi était le but vers lequel avaient tendu toutes les aspirations de Chateaubriand, depuis le jour où il avait franchi en fugitif les frontières de la France ; que pouvait-il faire maintenant ? le venger ? La vengeance n'était pas dans son cœur, et il ne partageait pas l'ardeur de réaction des royalistes qui entretenaient la guerre civile à l'intérieur ou qui servaient à l'extérieur dans les armées étrangères. Ne voulant pas cependant rester à la charge de sa famille, il quitte Jersey et part pour Londres, espérant y trouver le moyen de gagner honorablement sa vie. Cette vie d'ailleurs, pensait-il, ne devait pas être longue : il toussait beaucoup, il crachait le sang, il était d'une faiblesse extrême, les médecins lui avaient montré la fin de ses maux comme prochaine; mais en attendant cette heure dernière, que lui reste-t-il? Le travail. Sa famille ne pouvait l'aider, et il avait dédaigneusement refusé le subside que le gouvernement anglais accordait aux émigrés; sa main ne s'était pas tendue humble et suppliante vers les ennemis de sa patrie. Il faisait des traductions, écrivait quelques articles de journaux; mais ce travail, ingrat et peu payé, lui procurait à peine, pour demeure un grenier, pour lit un grabat, pour nourriture un pain insuffisant, et un jour la faim, oui la faim! vint frapper à la porte de la demeure du pauvre gentilhomme breton.

Ce fut vers cette époque qu'un ami lui procura une place de secrétaire chez un ministre écossais; il rencontra dans cette maison un accueil sympathique, des soins affectueux, et dans une douce intimité il trouva promptement l'oubli de ses misères. Le ministre avait une fille jeune, belle, bonne, bien élevée, qui, en présence d'un homme jeune comme elle, beau de cette beauté que donne une intelligence supérieure, souffrant, malheureux, sentit bientôt l'amour remplacer dans son cœur l'intérêt et la pitié....... Chateaubriand, oublieux de sa situation, se laissait aller au bonheur d'être aimé et peut-être d'aimer; mais comme il se tenait dans une réserve extrême, comme il ne s'expliquait ni sur ses projets ni sur ses intentions, un jour, la mère de la jeune fille, dans un tête-à-tête habilement ménagé, persuadée qu'il était retenu seulement par un excès de timidité, lui proposa de devenir son gendre. Il ne put alors que se jeter aux pieds de la pauvre mère en s'écriant: « Je suis marié!..... » Et il sort de cette maison, dans laquelle il a apporté le trouble en échange de la plus touchante hospitalité; il fuit....... Vingt-cinq ans après, le pauvre exilé était devenu un grand seigneur, la jeune fille était devenue une grande dame..... Cette noble femme, mère de famille, vint, sur la foi de ses souvenirs, réclamer en faveur de son fils la protection de l'homme d'État, et nous éprouvons un véritable chagrin à le dire comme il eut quelque honte à l'avouer, le service qu'elle réclamait ne lui fut pas rendu..... Brûlant comme le simoun du désert, le souffle de l'ambition tarit la source des sentiments généreux, et les hommes les plus heureusement doués n'échappent pas toujours à son influence!

Cependant cette puissante nature avait repris dans le repos toute son énergie; il se retrouva plus fort en face des nécessités de la vie. Il travaillait nuit et jour pour gagner quelque argent, et quand son pénible labeur lui laissait un peu de repos, il s'occupait avec ardeur d'un ouvrage inspiré par les circonstances, et qu'il devait prochainement publier; ou bien il errait dans les rues de Londres pour en rechercher les monuments et les curiosités, ou bien encore il allait demander aux campagnes des environs un air pur et un rayon de soleil; il admirait la brillante végétation que Dieu accorde au climat brumeux de l'Angleterre, et il s'étonnait quelquefois de rester si triste en contemplant la magnificence de ces paysages. Mais dans ce pays, les oiseaux se taisent sous la feuillée, leur chant n'y répand ni la vie ni la joie........; ce silence laissait l'exilé à toutes ses douleurs et lui apportait même une souffrance de plus.

L'*Essai sur les révolutions* fut publié en 1797. Ce livre procura à son auteur quelques faibles ressources; il eut un très-médiocre succès en Angleterre et passa presque inaperçu en France. Que pouvaient dire en effet les révolutions du passé à ceux qui assistaient, de près ou de loin, au spectacle de la révolution française? Quel intérêt, hélas! pouvaient y prendre les victimes? quelles leçons pouvaient y puiser les persécuteurs? Le trouble d'ailleurs était partout en Europe : les rois tremblaient sur leurs trônes chancelants, les peuples frémissaient d'impatience; les vengeances de la guerre civile se mêlaient aux horreurs des guerres internationales; dans ce bouleversement des hommes et des choses, des faits et des esprits, le livre d'un homme de génie n'aurait pu attirer l'attention; que pouvait l'œuvre d'un inconnu? L'*Essai* est cependant un ouvrage important : on y devine le grand écrivain; il y a des pages éloquentes et des recherches curieuses; mais Chateaubriand, à cette époque, sentait son esprit flotter entre le doute et la foi, et aussi, malgré sa qualité de gentilhomme et sa situation d'émigré, entre le royalisme et les idées républicaines; de cette incertitude naît un manque d'unité qui nuit beaucoup à l'intérêt de l'ouvrage; toutefois il produisit une assez grande sensation parmi les royalistes, et Chateaubriand cessa d'être au milieu de la colonie des émigrés un homme sans importance.

Quelque temps après la publication de ce livre, il reçut une lettre de
madame de Farcy, sa sœur, qui lui annonçait la mort de leur mère. « Si
tu savais, lui écrivait-elle, combien de pleurs tes erreurs ont fait répandre à notre respectable mère !..... » Et quand cette lettre lui parvint,
celle qui l'avait écrite avait cessé de vivre ; la fille avait rejoint la
mère..... « Ces deux voix sorties du tombeau, a-t-il dit, cette morte qui
servait d'interprète à la morte, m'ont frappé, et je suis devenu chrétien..... J'ai pleuré, et j'ai cru..... » Dès lors plus d'hésitations, plus de
doutes ; une étoile apparut aux rois d'Orient et ils vinrent humilier leur
grandeur devant la crèche où était né le Sauveur du monde : l'étoile
qui devait guider Chateaubriand lui était apparue, et sa raison s'était
inclinée devant la plus douloureuse révélation ; la route était tracée,
l'illumina du feu de son génie et n'en sortit jamais. Ce fut dans ces
premiers moments de ferveur qu'il conçut la pensée du *Génie du Christianisme* et qu'il en écrivit les premières pages.

Cependant la France, lasse de révolutions et confondant dans un
même sentiment de réprobation la liberté et les crimes commis en son
nom, tendait ses mains suppliantes vers le général Bonaparte, et, mettant à ses pieds sa fortune, sa gloire, sa liberté, lui criait : Sauvez-moi,
sauvez-moi ! Et le général Bonaparte, comprenant sa mission civilisa-
trice, avait fait cesser toutes les persécutions ; il réprimait les mauvaises passions et essayait de rendre le calme et l'espérance à cette
société si profondément remuée ; sous cette heureuse influence et cette
ferme volonté, l'ordre matériel se rétablissait ; c'est ainsi qu'après une
violente tempête, nous l'avons vu souvent sur nos côtes : la mer est
encore tourmentée, la vague se soulève péniblement et retombe de tout
son poids sur les rochers du rivage ; l'eau est chargée d'impuretés, et
semble supporter avec effort les varechs arrachés violemment du fond
des mers ; puis les souillures disparaissent peu à peu, le mouvement
se calme par degrés, devient plus régulier ; mais c'est seulement
longtemps après que les vents ont cessé de les agiter que les eaux
reprennent leur transparente limpidité.

Les lois contre les émigrés n'avaient pas encore été rapportées,
mais le gouvernement leur donnait toutes facilités pour rentrer en

France, et se prêtait à toutes les ruses; beaucoup profitaient de ce bon vouloir; la plupart de ceux que Chateaubriand fréquentait en Angleterre étaient revenus dans leur patrie et l'engageaient à faire comme eux; M. de Fontanes, déjà son ami, le rappelait..... Au printemps de 1800 il quitte cette terre qui lui a donné pendant sept années une avare hospitalité, et, abrité sous un faux nom, il met le pied sur le sol de la France et vient à Paris travailler et cacher son obscurité.

M. de Fontanes était rédacteur en chef du *Mercure*; il s'empressa d'associer Chateaubriand à ses travaux; quelques articles publiés dans ce recueil lui valurent de flatteurs encouragements, et pressé par des besoins d'argent, il se décida, en 1801, à publier le petit poëme d'*Atala*, épisode détaché d'un ouvrage depuis longtemps l'objet de ses constantes préoccupations, le *Génie du Christianisme*. Le succès dépassa toutes les espérances et prit les proportions d'un événement : ce poëme arracha à l'Europe un long cri d'admiration et d'étonnement; depuis dix ans la littérature ne se faisait remarquer que par la grossièreté du langage, l'obscénité des mots et des images, par un épicurisme sans pudeur et par le cynisme de l'incrédulité et de l'athéisme. La révolution avait tout gâté : la liberté, c'était le crime et l'anarchie; la justice, c'était les tribunaux révolutionnaires et l'échafaud ; la religion, c'était le culte de la Raison ; le livre d'Atala fut le premier coup de hache porté à ces faux dieux par la littérature, et fut le précurseur du *Génie du Christianisme*.

Chateaubriand, inconnu, sortit ainsi de son obscurité; mais loin de se laisser éblouir par cet étonnant succès, il y puisa de nouvelles forces et se livra avec ardeur au travail ; il eut le courage, sur quelques observations critiques de M. de Fontanes, de détruire les deux premiers volumes du *Génie du Christianisme* déjà livrés à l'impression et de recommencer son ouvrage.

Les controverses religieuses avaient cessé depuis longtemps d'agiter le monde; la philosophie, athéisme, rationalisme ou doute, était née sous le bigotisme des dernières années du règne de Louis XIV, avait grandi pendant les saturnales de la régence et de Louis XV, et elle

sortait de la révolution toute émue de ses triomphes, effrayée des ruines
que ses principes avaient faites, mais non pas encore convertie. Fermer
les églises, proscrire les prêtres, ouvrir les portes des couvents, sub-
stituer à une religion qui avait émancipé le monde une religion qui
n'avait ni dogme ni morale, tout cela n'était peut-être que la conséquence de déplorables théories; mais le sang avait coulé à grands flots;
des milliers de têtes, les plus humbles comme les plus hautes, avaient
roulé sanglantes sur l'échafaud..... ces crimes avaient déconcerté bien
des systèmes! Après tant d'égarements de toutes sortes, la société
avait besoin de paix, de conciliation, de pardon et d'oubli; entre l'indifférence des uns et l'incrédulité des autres, elle s'agitait dans un certain malaise et cherchait dans l'avenir le remède à tant de maux. Quelques hommes, par une grâce spéciale de Dieu, avaient conservé dans
leur cœur le flambeau de la foi; des prêtres, en petit nombre, échappés
aux persécutions, célébraient, en se cachant, les saints mystères, et la
foule, inquiète et indécise, attendait...

Ce fut au milieu de ces circonstances, et dès les premiers jours de
l'année 1802, que le *Génie du Christianisme* fit son entrée dans le
monde; il apparut comme la réhabilitation du Christianisme lui-même;
un esprit élevé et bien convaincu pouvait seul jeter un livre semblable au milieu de cette société sceptique qui s'était un jour réveillée
des enivrements des plaisirs au bruit de la chute de toutes les institutions de la France! Il avait une âme peu commune celui qui osait proclamer les grandes vérités du Christianisme en face de ces restes im-
purs du régime de la terreur, qui s'efforçaient de cacher leur affreux
passé sous l'étalage honteux d'un luxe de mauvais goût, sous l'incrédulité qui devait endormir leurs remords et sous l'impudeur des indi-
gnes flatteries adressées au nouveau pouvoir. Mais, par un de ces bon-
heurs qui sont un des secrets du génie, Chateaubriand avait deviné
l'opinion publique, et, par un autre bonheur, il se rencontrait dans une
même pensée avec le chef de l'État.

Le premier consul faisait alors de généreux efforts pour réunir les
éléments dispersés de la société française dans l'amour de la patrie et
dans le sentiment religieux; il relevait le courage des bons, réprimait

les méchants; il demandait aux uns l'oubli des erreurs et des crimes, des douleurs et des persécutions du passé ; il imposait aux autres le respect et la crainte de l'autorité et des lois.

L'administration civile tout entière était à reconstituer; les lois étaient à refaire, la religion à rétablir ; la révolution avait tout renversé, et tout était à réédifier ; mais le premier consul sentait que l'ordre ne pourrait succéder au désordre que lorsque la religion serait devenue une des institutions du pays, honorée du gouvernement comme du peuple; que la religion était le plus puissant moyen de combattre les mauvaises passions, comprimées un instant, mais qui fermentaient dans les bas fonds de la société et qui bouillonnaient encore à la surface ; pour accomplir cette grande œuvre de régénération, la Providence envoyait à Napoléon Bonaparte un utile auxiliaire : le *Génie du Christianisme.*

Le succès de cet ouvrage ne fut pas seulement, ne nous y trompons pas, un succès littéraire, ce fut l'occasion d'une éclatante manifestation de l'opinion publique en faveur des idées religieuses. Le premier consul y trouva une force dont ses généreux desseins avaient peut-être besoin ; imposant sa ferme volonté à tous, dominant de son autorité l'opposition des révolutionnaires incorrigibles, il avait ouvert depuis quelque temps des négociations avec la cour de Rome pour le rétablissement du culte, et l'entente, après mille difficultés, s'étant établie entre les deux gouvernements, le Concordat fut signé.

Cet heureux résultat d'une politique sage et habile fut annoncé dans toutes les rues de Paris et dans les principales villes de France avec une pompe inusitée et, le même jour, le *Moniteur,* par ordre du premier consul, publia un article emprunté au *Mercure,* dans lequel M. de Fontanes rendait compte du *Génie du Christianisme :* « Cet ouvrage, disait l'auteur, commencé dans des jours d'oppression et de douleur, paraît quand les maux se réparent, quand toutes les persécutions finissent... il ouvre avec tant d'éclat et sous de si heureux auspices la littérature du xix° siècle... » Et l'article tout entier est l'éloge fortement raisonné du mérite littéraire de l'ouvrage, du plan suivi et adopté, des motifs qui ont décidé Chateaubriand à prendre la plume.

La publication du *Génie du Christianisme* fut presque une révolution nouvelle et détermina la réaction des idées religieuses contre l'incrédulité et l'indifférence : l'ouvrage à peine paru est dans toutes les mains; tout le monde veut le lire, tout le monde en parle; il devient en quelques jours le livre le plus populaire qui ait paru depuis bien des années. En le lisant, on se sent meilleur; on comprend mieux les maux causés par l'oubli de la religion et des devoirs qu'elle commande; le regard effrayé sonde avec horreur l'abîme creusé par les mauvaises passions; on se reprend à aimer Dieu; le public enthousiasmé appelle de ses vœux la réouverture des églises et demande les pompes et les cérémonies de l'Église romaine; il attend avec impatience le moment de se rattacher à la grande famille catholique. L'opposition s'émeut, le vieux parti révolutionnaire s'agite et affecte un profond mépris pour cet appel d'un cœur généreux aux croyances les plus pures et pour ce qu'ils appellent un engouement passager. Quelques littérateurs augmentent le tumulte de leurs cris et flagellent de leurs amères critiques l'ouvrage de Chateaubriand; ils s'efforcent de tourner en ridicule des phrases prétentieuses, des excès de langage, des métaphores hasardées, et les pages les plus éloquentes ne trouvent même pas grâce devant eux. Mais le blâme, la critique, sont étouffés par les acclamations de la foule et le bruit des applaudissements; l'enthousiasme s'augmente des résistances qu'il rencontre. Soixante années ont passé depuis que l'admiration débordait de toutes parts, et l'admiration des hommes n'a pas passé. Aujourd'hui nous séparons peut-être trop le *Génie du Christianisme* des événements et des passions au milieu desquels il fit son apparition, et l'œuvre littéraire domine l'intention politique et religieuse; mais le calme de notre temps nous donne l'impartialité, et notre jugement monte pur vers le trône d'or sur lequel nous avons placé la grande figure de Chateaubriand.

Le titre seul de l'ouvrage est un poëme, et quel poëme! Le *Génie du Christianisme!* L'intelligence humaine ne peut sans doute s'élever à la hauteur d'un pareil sujet, mais elle y puise les nobles aspirations vers l'idéale beauté, et c'est dans cette recherche que Chateaubriand a trouvé l'immortalité. A force de talent, il a justifié l'ambition de son titre. Comme s'il n'avait pas été assez riche de son propre fonds, il a cherché dans les autres ce que l'esprit doit de grandeur et de perfection à la religion ; de quelles vives lumières elle a frappé les grands écrivains, même les plus incrédules ; il prouve Dieu par les œuvres des hommes plus encore que par les magnificences de la nature. Le Christianisme considéré dans ses rapports avec la poésie, les arts, l'éloquence, les lettres, a certainement touché plus de cœurs que si sa divine origine eût été affirmée par les preuves les plus irrécusables et la métaphysique la plus élevée.

Chateaubriand ne s'est pas adressé à ceux, en petit nombre, qui raisonnent leur incrédulité ; il a écrit pour ceux qui cherchent dans la religion un ami, un guide et un consolateur. Parlant à un public habitué par une certaine tendance de la mode, plus encore que par de récents événements, aux romans irréligieux, aux poésies érotiques, aux propos licencieux, son premier soin a été de se mettre en rapport d'idées et de sentiments avec les gens du monde, et de rendre son livre assez intéressant pour le faire lire avec plaisir. Otez l'à-propos au *Génie du Christianisme*, vous en diminuez l'importance ; mais le but reste toujours élevé. Chateaubriand a dû aux sentiments religieux dont il voulait imprégner la société et dont il était pénétré lui-même, ses plus doux accents, ses pensées les plus sublimes, ses tableaux les plus splendides, et ce style biblique qui a charmé notre jeunesse et que nous retrouvons toujours plein de grâce, de fraîcheur et d'élévation.

Pour atteindre le but qu'il se proposait, le poëte n'a eu besoin ni de la connaissance approfondie des Pères de l'Église, ni des recherches savantes, ni des arguments irrésistibles, ni d'un vain étalage d'érudition ; pour entraîner les lecteurs il lui a suffi de délicates appréciations sur les choses de l'art et de la nature, de descriptions éclatantes de lumière et de vérité, de narrations pleines de larmes, de rapprochements heureux, des entraînements du cœur épuré, sanctifié par la religion et de ce style inimitable qui saisit et enflamme l'imagination et dont l'étrangeté ne fut alors qu'une séduction de plus. « Dieu, dans sa cause même, a dit l'auteur en justifiant son ouvrage, ne défend pas les routes fleuries quand elles servent à revenir à lui, et ce n'est pas toujours par les sen-

tiers rudes et sublimes de la montagne que la brebis égarée retourne
au bercail. »

Outre l'épisode d'*Atala*, qui fut publié à part, et dont nous avons
parlé plus haut, le *Génie du Christianisme* renfermait le petit poëme de
René, qui fut placé à la suite du chapitre intitulé : *Du vague des passions*. On dit que Chateaubriand a voulu peindre son portrait et raconter une histoire de sa vie de jeune homme ; le portrait est méconnais-
sable ; l'amour fraternel est étrangement travesti, on dirait plutôt un
rêve de l'imagination de l'auteur : ce qu'il y a de vrai, c'est la description des lieux ; on y retrouve la solitude des bois de Combourg, le vieux
manoir, Saint-Malo et les grèves et la mer... Nous croyons que, dans
un cadre aimé, il a voulu surtout donner un développement à des
idées comme celles-ci : On est détrompé avant d'avoir joui..... l'imagination est riche, abondante, merveilleuse ; l'existence est pauvre,
sèche, désenchantée..... on habite avec un corps plein un monde vide,
et sans avoir usé de rien l'on est désabusé de tout... Tel est ce René
qu'enfanta dans un jour de désespoir le cerveau malade d'un exilé.
Depuis, nous l'avons retrouvé bien souvent, cet homme dégoûté de
tout : le théâtre, les romans nous ont raconté à l'envi sa déplorable histoire, et nous l'avons vu dans le monde parmi ces natures, ébauches
incomprises de l'homme d'élite, mélange inachevé de nobles qualités et
de vices élégants, natures incomplètes qui n'ont pas su acquérir l'estime et la considération des autres, et qui se consument dans l'admiration de leur propre mérite ; natures malheureuses, qui attendent tout
de la société et qui ne lui donnent rien. Oui, tel a été René, mais tel ne
fut pas Chateaubriand..... Laissant de côté les rêves et les illusions, il
a lutté contre les découragements et les mécomptes ; il est sorti victorieux de la lutte, et sa vie n'a pas été inutile à la société. Cependant
quelles que soient nos critiques sur le fond du sujet et sur la mise en
scène d'un caractère que nous considérons comme fâcheux, nous reconnaissons que la narration est pleine de grâce et de fraîcheur, que
le poëme est fort intéressant, et nous lisons encore avec un plaisir infini
cette simple histoire d'une passion coupable épurée par la vertu, et im-
molée aux pieds des autels dans le silence du cloître. *René* porte donc
avec lui sa morale.

Résumons-nous : parmi les conquêtes de Napoléon, deux seulement ont survécu et vivront éternellement dans le souvenir et la reconnaissance des peuples : le Code civil et le Concordat; Chateaubriand a attaché son nom à ce dernier acte d'une manière indissoluble. Le *Génie du Christianisme* a été un triomphe pour le poëte, mais un triomphe plus grand encore pour l'homme de bien dont l'intelligence et le cœur ont compris que les institutions devaient avoir pour base la religion. L'état des esprits, au commencement de ce siècle, les qualités de l'auteur, le choix du sujet, la manière dont il est traité, ont fait du *Génie du Christianisme* un impérissable monument au point de vue littéraire et l'acte d'un courageux dévouement aux intérêts religieux de la société. Quelle habileté dans le choix des moyens ! les éternelles vérités n'ont pas besoin de démonstrations : elles sont; il s'agissait seulement de renouer la chaîne brisée des croyances du passé, de les rendre aimables et de les faire aimer. Honneur et immortalité à l'écrivain qui a donné une si puissante voix au sentiment religieux de la société renaissante et qui a chanté dans un magnifique cantique la foi de nos pères ! Nous ne pouvons mieux terminer cette longue dissertation qu'en citant les paroles de l'illustre historien de cette mémorable époque : « Le *Génie du Christianisme*, a-t-il dit, vivra comme ces frises sculptées sur le marbre d'un édifice vivent avec le monument qui les porte. »

Il ne pouvait suffire au général Bonaparte d'avoir rétabli le culte par une convention entre la république française et le saint-siége; il désirait encore que d'intimes relations entre les deux gouvernements vinssent consolider les bienfaits du Concordat ; dans cette pensée, il nomma le cardinal Fesch, son oncle, ambassadeur à Rome. Chateaubriand, sur qui son dernier ouvrage avait appelé l'attention et l'intérêt du premier consul, fut désigné comme premier secrétaire d'ambassade. Ne voulant ni s'éloigner de Paris où le retenaient ses plus chères affections, ni aliéner sa liberté, il hésitait à accepter; mais enfin, pressé par madame la princesse Bacciochi, par M. de Fontanes, par tous ses amis, encouragé par des membres éminents du clergé et par l'abbé Emery, il se résigna et accepta la position qui lui était offerte; avant de partir, il publia une deuxième édition du *Génie du Christianisme* qu'il dédia au chef du gouvernement. Quelques jours après il se présenta aux Tuileries pour remercier et prendre congé. Il se trouva? pour la première fois en face de Napoléon; cette entrevue fut froide et ne détermina aucun rapprochement affectueux entre le grand homme et l'éminent écrivain.

Ce fut alors que Chateaubriand vit la capitale du monde chrétien qu'il ne connaissait pas encore. Les premiers instants de son séjour furent employés à visiter les monuments élevés par la main des hommes à la gloire de Dieu, et dont la grandeur et la richesse témoignent de la puissance d'une religion qui marche à la conquête du monde; à parcourir ces ruines d'une civilisation qui n'est plus, ces débris immenses, partout répandus sur le sol, sur lesquels est écrite l'histoire du peuple-roi; à rechercher les sculptures de l'art ancien dont la perfection n'a pas été égalée, et ces chefs-d'œuvre de la peinture des derniers siècles de notre ère qui semblent s'être donné rendez-vous en Italie et plus particulièrement à Rome.

L'ambassadeur français n'était pas encore arrivé, et cependant le premier secrétaire, contre tous les usages de la diplomatie, fut présenté au Saint-Père; il fut reçu avec une extrême bienveillance et comme un homme qui vient de rendre un service. Partout, à Rome, il fut accueilli avec la plus grande courtoisie et cet empressement un peu bruyant qui tient au caractère méridional; mais les ruines, les arts et le monde ne pouvaient le retenir longtemps loin des affaires; il comprit bientôt combien les rapports des deux gouvernements étaient tendus; que les exigences de l'un et la résistance de l'autre pouvaient amener de graves complications. Sa situation particulière était difficile. Le cardinal, cédant à un sentiment un peu puéril de jalousie, se plaignait de l'indépendance de son secrétaire, de ses relations peu conformes aux vues du gouvernement, de la hauteur de son caractère, de son peu de déférence. Chateaubriand, peu payé, mal logé, mécontent, se plaignait de son côté de ne pas avoir une position officielle en rapport avec sa situation personnelle, de n'avoir d'autre part dans les affaires qu'une corrrespondance insignifiante à rédiger; enfin il accusait l'ambassadeur de parcimonie, d'incapacité et d'aveuglement.

Cette situation était trop pénible pour durer longtemps; le dégoût commença à envahir cette âme ardente, cette intelligence si prompte et si mobile. Dans cette disposition d'esprit, la mort d'une femme aimée le frappa de la manière la plus cruelle.... Le séjour de Rome lui devint insupportable; il était décidé à partir, quand il apprit que sur les sollicitations d'amis confidents de ses chagrins et de ses plaintes, il avait été nommé ambassadeur de la république française dans le Valais.

Avant de partir, il rédigea en quelques jours une lettre à M. de Fontanes qui a été publiée. Nous voudrions pouvoir la copier tout entière; mais qui ne l'a lue vingt fois, qui n'a suivi l'écrivain avec le plus vif intérêt au Colysée, au milieu des gigantesques ruines de la villa Adriana, fantaisie d'un maître du monde, et à travers la campagne de Rome, dont la description est un chef-d'œuvre de vérité, de style et de sentiment.

La nomination de Chateaubriand avait été très-bien accueillie en Suisse, et il savait qu'il y était attendu avec impatience; le gouvernement français désirait qu'il prît sans retard possession de son poste; ses préparatifs terminés, il se rendit aux Tuileries pour prendre congé du premier consul : il devait partir le lendemain..... Mais ce jour-là même, entre onze heures et midi, au milieu d'un carrefour qu'il traversait par hasard, il entend publier une nouvelle officielle; les passants s'arrêtent, il s'arrête aussi; il écoute; un homme criait : « Jugement de la commission militaire spéciale convoquée à Vincennes, qui condamne à la peine de mort le nommé Louis-Antoine-Henry de Bourbon, né le 2 août 1772, à Chantilly..... » Chateaubriand a-t-il bien entendu? ce crime a-t-il été commis? le doute, hélas! était impossible. En effet, le duc d'Enghien, le dernier rejeton de cette race des Condé qui a donné tant de héros à la France, avait été arrêté en pays étranger, dans un État allié, amené prisonnier au château de Vincennes, traduit devant une commission militaire, jugé, condamné, fusillé au milieu de la nuit, à huis clos, dans une forteresse, sans témoins, sans défenseur, sans amis... Désormais entre Napoléon et Chateaubriand il y aura une large tache de sang ; ce crime les sépare à jamais.

Rentré chez lui, Chateaubriand envoie immédiatement à M. de Talleyrand, ministre des relations extérieures, sa démission motivée, en le priant de la mettre sous les yeux du premier consul.

Un homme dont le nom est resté célèbre refusait de mettre à exécution, il y a bientôt trois siècles, un ordre sanguinaire : « Parmi les fidèles sujets de Votre Majesté, disait-il, je n'ai trouvé que des soldats et pas un bourreau. » Chateaubriand fit plus encore, il refusa de servir un gouvernement qui venait, selon lui, de se déshonorer. Nous ne connaissons pas les termes de sa protestation, mais l'histoire conservera la mémoire de sa courageuse action. Parmi les blâmes qu'il eut à supporter dans cette circonstance, il en est un qui lui fut surtout pénible. Madame la princesse Bacciochi le manda près d'elle, lui reprocha amèrement ce qu'elle appelait sa défection, mais il resta calme, respectueux, ne désavouant aucun de ses motifs et ne daignant ni conjurer la colère du chef de l'État, ni fuir la persécution qu'il attendait sans peur ; la princesse, toutefois, intervint puissamment en sa faveur et le préserva des suites de sa témérité.

Maintenant le jour s'est fait sur la sanglante tragédie du fossé de Vincennes ; la plupart des acteurs de ce drame lamentable ont comparu tour à tour devant nous pour en raconter les péripéties ; l'on sait la part qui revient à chacun d'eux. Le premier consul a ordonné toutes les mesures à prendre pour l'arrestation et la mise en jugement du prince, mais l'exécution dont l'horreur se perpétuera d'âge en âge, paraît due surtout à une de ces fatalités avec lesquelles la prudence humaine ne compte jamais et qui tiennent une si large place dans les événements, soit pour en arrêter les effets, soit pour en précipiter le cours. Que pouvait-on craindre d'un ajournement ? Pourquoi, à la dernière heure, ne pas laisser une place à la pitié ou plutôt à la justice mieux inspirée ? La grâce n'eût-elle pas plus sûrement touché les conspirateurs que le supplice ne pouvait les effrayer ? C'est le malheur des puissants de la terre d'être trop obéis ; ils ont autant à craindre le zèle de leurs amis que la haine de leurs ennemis (1). Après un premier mo-

(1) Un grand personnage de l'empire disait à un ministre qui a laissé une honorable réputation de probité : « Je suis si dévoué à l'empereur, que s'il

ment donné à l'émotion, j'aurais aimé à dire aux regrets, le premier consul accepta la responsabilité de cet attentat ; il n'était pas homme à reculer jamais devant la conséquence de ses actes. Plus tard, à Sainte-Hélène, sur ce rocher d'où il voyait la postérité commencer pour lui, il a essayé de couvrir de l'autorité de sa volonté souveraine ceux qui s'étaient compromis dans cette affaire; mais, plus juste envers lui-même, l'histoire, sans l'excuser (elle est inexorable pour tout le monde), a désigné les coupables, et ce sont surtout ceux qui ont violé toutes les formes de la justice et qui ont pressé l'exécution du prince, comme pour donner un gage au parti révolutionnaire. Quel aurait pu cependant être l'effet du recours en grâce rédigé séance tenante par les membres du conseil de guerre ? Qu'était-ce que la mission du préfet de police, si ce n'était pas une espérance ? Que ne devait-on pas attendre de l'intervention de cœurs généreux aussi dévoués à la gloire du premier consul qu'à sa personne? Quoi qu'il en soit, la toute-puissance du gouvernement venait de se révéler : les partis furent frappés de stupeur et les puissances étrangères elles-mêmes se turent, étonnées de cette violation du territoire d'un allié ! Chateaubriand, obéissant au cri de sa conscience indignée, protesta contre l'arrêt qui venait de frapper une tête si haute, de trancher le fil d'une vie si pure. Il entrait ainsi bravement en lutte avec un gouvernement fort, résolu, glorieux, qui paraissait ne devoir reculer devant aucun moyen; cette démission eut un grand retentissement; les amis de l'ordre la blâmèrent comme l'acte d'une opposition factieuse et propre à réveiller les discordes civiles qui avaient été si fatales à la France. Quelques personnes l'approuvèrent timidement, et ce fut une protestation à peu près isolée qui ne fut imitée que par deux proscrits, deux rois, Gustave-Adolphe et Louis XVIII.

Dès ce moment Chateaubriand est dans la plénitude de sa gloire, de son génie et de son influence. Ses ouvrages le désignent à l'attention du parti religieux et à l'admiration de tous les honnêtes gens ; sa dé-

---

m'ordonnait d'arrêter mon père je n'hésiterais pas, j'obéirais. — Je n'ai jamais réfléchi sur ce que je ferais dans cette situation, répondit le ministre, mais je suis sûr que l'empereur ne me donnerait jamais un pareil ordre. »

mission honore son courage et le place haut dans l'estime des royalistes ; les malheurs de sa famille, la persécution suspendue sur sa tête
entourent son nom d'une auréole de respect.

Lui, cependant, calme et sans crainte, reprend avec une nouvelle
ardeur ses études littéraires, et dans le silence de la retraite demande
au travail les ressources nécessaires à sa vie de chaque jour. C'est alors
qu'il conçut le projet de mettre en parallèle la religion catholique avec le
paganisme dans ce qu'il a de plus épuré, et de faire ressortir par cette
comparaison les avantages du christianisme sur le culte des faux dieux ;
telle est l'idée d'où est sortie l'épopée des *Martyrs*. Avant de terminer
ce grand ouvrage, pour le rendre digne de son sujet, il voulut visiter les pays, théâtre des principales scènes de son poëme et s'imprégner de la poésie du catholicisme aux lieux témoins de la naissance
et de la mort du Dieu fait homme. Il quitta la France au mois de
juillet 1806 et revint au commencement de 1807.

De nouvelles tribulations l'attendaient ; par suite de divers arrangements, il avait pris la direction du *Mercure* dont il était devenu seul
propriétaire. Au mois de juin (1807), rendant compte du voyage en
Espagne de M. de La Borde, il publia un article qui commençait ainsi :
« Lorsque dans le silence de l'abjection, l'on n'entend plus que la chaîne
de l'esclavage et la voix du délateur, lorsque tout tremble devant le
tyran, l'historien paraît chargé de la vengeance des peuples... c'est en
vain que Néron prospère, Tacite est déjà né ! » L'intention de l'auteur
était d'une telle évidence que personne ne s'y trompa, c'était bien une
sanglante injure que l'écrivain jetait à la face du chef de l'État. L'article
fit un grand bruit ; l'Empereur s'en montra fort irrité, supprima le *Mercure*, menaça, mais Chateaubriand n'éprouva pas les effets de cette colère ; ses amis eurent cependant de grandes inquiétudes, ils l'engagè-
rent à plus de modération, à se contenir. M. de Fontanes disait à l'Empereur : « Après tout, Sire, son nom illustre votre règne ; il sera cité
dans l'avenir au-dessous du vôtre ; il ne conspire pas... » Quant à nous,
nous regrettons que Chateaubriand, que nous voulons entourer de respect et d'admiration, se soit laissé entraîner à des appréciations aussi

exagérées, à une comparaison aussi peu justifiée; mais Tacite a déjà vengé la mémoire de Napoléon ! »

Dans l'année 1808, Chateaubriand acheta la Vallée-aux-Loups, vint l'habiter et publia successivement en 1809 et 1811, les *Martyrs* et l'*Itinéraire de Paris à Jérusalem*.

Le premier de ces ouvrages n'eut d'abord qu'un très-médiocre succès : son apparition fut assaillie par de violentes critiques, envenimées par l'envie, inspirées par le culte trop exclusif des auteurs classiques de l'antiquité, ou dictées par les obscurs agents d'un gouvernement ombrageux. Ces critiques eurent un tel retentissement que l'auteur lui-même douta de son œuvre. M. de Fontanes, toujours son ami, soutint son courage : « Ils y reviendront, » lui disait-il, et, en effet, le public y est revenu.

Les lettrés, les raffinés ont appelé au secours de leur polémique Homère, Lucain, le Tasse, Milton et surtout Fénelon, l'élégant auteur de *Télémaque*; on a mis Eudore en parallèle avec le pieux Enée ; mais ces dissertations sont plutôt un jeu du talent que de sérieuses critiques. Les *Martyrs* sont une œuvre tellement originale qu'on ne peut les comparer à rien ; le public, d'ailleurs, n'a guère l'esprit d'analyse ; il ne discute pas les beautés qui le charment ; Chateaubriand entraîne le lecteur dans les champs de la Germanie, de la Gaule et de la rude Bretagne, sous le beau ciel de l'Italie et de la Grèce ; il l'intéresse par les événements qui se déroulent sous ses yeux ; il le séduit par l'ascendant de la vertu et du repentir, et la passion, désordonnée dans ses transports, criminelle dans ses résultats, impose à l'âme un sentiment d'horreur et de pitié. L'époque choisie par Chateaubriand est un temps de décadence et de décomposition sociale ; les *Martyrs* sont bien l'expression fidèle de la transformation qui s'opère dans le monde. L'ancienne société meurt, les temples de l'erreur, édifices vermoulus, croulent de toutes parts ; les faux dieux n'ont plus d'offrandes ; l'empire romain tremble sur ses fondements, et le flambeau de la vérité dissipe les ténèbres qui enveloppaient les peuples. Chateaubriand nous fait assister à ce merveilleux spectacle; notre raison s'incline, notre cœur s'émeut, et notre jugement se forme de nos sensations. Alors ce style brillant, ces événements extraordinaires, ces tableaux si divers, ces passions qui se croisent et se heurtent, nous transportent d'une admiration plus profonde, à mesure que nous entrons dans le récit.

Cet ouvrage est un de ceux que l'auteur a le plus travaillé ; il lui a coûté sept années de voyages, de veilles, de recherches savantes, d'études difficiles. Le style en est correct, élégant, élevé ; la prose a l'harmonie de la poésie ; le bel art d'écrire n'a jamais revêtu des formes plus séduisantes.

Nous n'avons pas à porter le scalpel de la critique dans les diverses parties de cette vaste épopée et, dans une analyse froide et décolorée, à en rechercher les taches, mais les critiques n'ont pas toujours été injustes, et sans vouloir les examiner en détail, nous devons au moins en faire mention et relever les défectuosités le plus généralement reprochées au poëme. Après cela nous aurons à énumérer les passages qui nous ont particulièrement frappé ; nous n'aurons plus que de l'admiration. La mise en scène est un peu longue, l'exposition manque d'animation, les derniers chants sont chargés de détails inutiles qui retardent le dénouement sans accroître l'intérêt : le contraste des deux religions paraît plutôt le résultat de recherches étudiées que la conséquence naturelle des choses ; il y a des anachronismes, des invraisemblances ; la simplicité des mœurs de la Grèce est un peu fardée ; l'art ne cache pas assez la richesse des couleurs de la palette et la finesse de ses pinceaux. Mais à côté de ces reproches, à supposer qu'ils soient fondés, que d'incontestables beautés !

La famille de Lasthenès, la journée des moissonneurs, la rencontre d'Eudore et de Cymodocée, l'évêque Cyrille, le vieux pontife païen, le récit d'Eudore... tout cela est délicieux de poésie ; l'auteur y a répandu à pleines mains ce qui attache et ce qui charme. Comment n'être pas saisi d'un immense intérêt à ce combat que livre la religion chrétienne à la religion des faux dieux ? Avec quel admirable talent l'auteur nous montre, par une suite de récits et de tableaux, cette civilisation romaine qui croule rassasiée de luxe, de puissance et de vices, et cette civilisation nouvelle qui monte, se propage, s'étend, puisant sa force dans

la vertu et dans la pauvreté ! Victoire étrange qui n'a coûté de sang
qu'aux vainqueurs ! La bataille des Francs contre les Romains est une
narration admirable de vérité et d'horreur ; la grande figure de Mérovée,
qui domine toute cette scène de carnage, est décrite avec un talent ho-
mérique, et la marée qui vient séparer les combattants est une invention dont l'auteur a su tirer un merveilleux parti. Chateaubriand est
allé chercher Atala dans les déserts d'un nouveau monde ; il a trouvé
Velléda dans son propre pays, au milieu des monuments druidiques de
la vieille Armorique ; elle lui apparut un soir errante parmi les pierres
de Carnac, qui gardent éternellement les secrets du passé, ou peut-
être encore il avait vu briller la faucille d'or de la prêtresse de Teutatès
dans la pénombre des dolmens.

> Silence ! elle paraît au pied du chêne antique ;
> Le feu de ses regards a dévoré ses pleurs ;
> Et ses cheveux mêlés à la verveine en fleurs
> Ombragent de son front la pâleur prophétique.
>
> (Delphine GAY.)

Comme il nous la montre, cette blonde fille des Gaules, éclatante de
jeunesse, brillante d'une beauté farouche ! quelle énergie dans ses
sauvages désirs ! quel orage dans son cœur ! comme il s'harmonise bien
avec le bouleversement de la nature ! quel entraînement dans l'horreur
de sa coupable passion ; mais comme elle sait mourir pour venger sa
patrie, et son père et son Dieu ! Le martyr qui couronne la foi d'Eudore, le sentiment qui conduit Cymodocée au lieu du supplice, cette
union d'un amour pur et chaste dans l'amour de Dieu et dans la mort,
laissent l'impression la plus douloureuse et la plus émouvante. Quelle
autre plume que celle de Chateaubriand eût pu tracer deux portraits si
dissemblables : Cymodocée et Velléda ?

Les nombreuses descriptions de cet important ouvrage sont presque
toutes des chefs-d'œuvre de style, d'harmonie, de vérité. La peinture,
la sculpture, la poésie, le théâtre, la musique elle-même y ont puisé
d'heureuses inspirations. Le tumulte des premiers temps s'est apaisé,
les critiques amères ou injustes ont cessé de se produire, les passions

se sont calmées, la vérité et la justice ont repris leur empire : l'admiration est restée. Cinquante années d'un succès constant ont mis le poëme des *Martyrs* au nombre des ouvrages qui font l'honneur et la gloire des lettres françaises.

Aux contrariétés que causèrent à l'illustre écrivain les pénibles discussions dont ce poëme fut l'occasion vint se joindre un malheur de famille ; il en ressentit un chagrin d'autant plus vif qu'il s'accusa d'en avoir été la cause indirecte. M. Armand de Chateaubriand, engagé dans une conspiration contre le gouvernement impérial, venait d'être arrêté sur les côtes de la Manche, amené à Paris, traduit devant une commission militaire et condamné à mort. Chateaubriand écrit à l'Empereur pour solliciter la grâce de son parent. La lettre, remise par l'Impératrice Joséphine, dont l'adorable bonté ne se démentit jamais, fut à peine lue et jetée au feu avec colère.

« J'avais oublié d'être humble, » dit Chateaubriand. La requête fut rejetée et la sentence exécutée. Cependant, averti par un ami, il court au lieu du supplice pour dire un dernier adieu à son cousin... arrive... et ne trouve plus qu'un cadavre... Ce fut un des plus tristes événements de sa vie...

L'*Itinéraire de Paris à Jérusalem* parut deux ans après les *Martyrs*; c'est la relation du voyage entrepris pour donner à ce poëme ce qu'on appelle aujourd'hui la couleur locale : les tableaux, les descriptions, y sont de la plus frappante vérité; les dissertations pleines d'aperçus ingénieux; poëte, historien, antiquaire, pèlerin, il est tout cela ensemble; c'est au milieu des ruines que l'appellent de préférence les tendances de son esprit; ses ouvrages, et particulièrement celui qui nous occupe, ont porté l'empreinte de la mélancolie qui tourmentait son âme, et il mêle à ses récits sa personnalité avec un rare bonheur d'effets et d'expressions; la vue de ces contrées de la terre sainte qui portent la trace des vengeances célestes, de ce tombeau qui n'aura rien à rendre, a puissamment impressionné l'esprit du poëte et a répandu une teinte marquée de tristesse sur les principales pages de cet ouvrage. Nul voyageur ne donne un intérêt plus puissant aux pays qu'il parcourt, aux histoires qu'il raconte, aux monuments qu'il décrit. Un mérite dont il faut lui tenir compte, c'est d'avoir appliqué son brillant esprit à décrire avec une consciencieuse vérité les beautés de l'art et les grandeurs de la nature. L'*Itinéraire* eut un succès incontesté. La fortune voulait-elle enfin lui donner quelques consolations et mélanger d'un peu de miel les amertumes de sa vie ?

Le vent de la faveur impériale sembla un jour souffler sur lui : à l'occasion des prix décennaux, le ministre de l'intérieur, M. de Montalivet, engagea l'Académie, à proposer le *Génie du Christianisme* pour le neuvième prix. L'Académie qui comptait dans son sein de nombreux adversaires des nouveautés introduites par Chateaubriand dans la littérature, ne se soumit pas entièrement et proposa d'accorder à son ouvrage une récompense spéciale. Le gouvernement n'était pas éloigné, non-seulement d'accéder au vœu de l'Académie, mais encore, a-t-on dit, de donner à l'auteur une grande situation officielle ; Chateaubriand, hélas ! n'était pas destiné à vivre heureux et tranquille, il n'était pas homme surtout à fuir les occasions de mettre en évidence son amour de la liberté et sa haine des excès de la Révolution. Cette occasion ne tarda pas à se présenter.

M. de Chénier (Marie-Joseph) venait de mourir, et l'Empereur, qui était presque malgré lui attiré vers le génie poétique de Chateaubriand, engagea l'Académie à le choisir pour remplir la place devenue vacante. Le poëte, persuadé par ses amis, flatté aussi peut-être d'une telle faveur, consentit à poser sa candidature. L'élection eut lieu et il fut nommé. Tout en obéissant à une toute-puissante volonté, l'Académie avait compris sans doute que l'écrivain le plus illustre de l'époque manquait à sa gloire. Chateaubriand, émigré, royaliste, va donc s'asseoir sur le fauteuil de Chénier régicide? Deviendra-t-il l'apologiste obligé d'un crime qu'il déteste?

La situation était difficile, mais c'est alors surtout que les cœurs élevés n'ont pas de défaillances. Napoléon avait bien pu, sous l'ampleur du manteau impérial, cacher les fautes du passé et combler les coupables d'or et de dignités ; mais Chateaubriand n'avait pas d'indulgence pour le crime. Cependant pour entrer à l'Académie il faut, conformément à l'usage, prononcer un discours et faire l'éloge de l'académicien dont on vient occuper la place. Le discours fut fait et présenté au bureau de l'Académie ; il respirait l'horreur du régicide et il contenait quelques mots d'un avare éloge pour le chef du gouvernement. Le discours fut unanimement repoussé : l'Empereur en demanda communication ; il lui parut une insulte à son gouvernement et à lui-même, il en éprouva une extrême colère, et le manuscrit porta les traces de sa violence. Chateaubriand n'en ressentit pas toutefois les terribles effets ; mais, prétextant des affaires et le mauvais état de sa santé, il demanda l'ajournement de sa réception.

Chateaubriand, avec sa plume, ses regrets et ses espérances, était-il donc si redoutable ? Sans doute les flatteurs lui avaient inspiré un profond dégoût de la louange ; sans doute les grandes choses accomplies ne l'empêchaient pas de désirer la fin de ce régime d'oppression ; mais est-ce que le bruit de son opposition ne se perdait pas au milieu du fracas des armes, n'était pas étouffé par les cris de la victoire ? Et que pouvait-il, lui chétif, dans ce grand débat ?

Le monde était soumis : l'Angleterre et quelques guérillas espagnols résistaient seuls encore. Les plus nobles noms de la France se faisaient remarquer par leur empressement à servir le soldat couronné ; les rois se coudoyaient dans l'antichambre de leur heureux vainqueur ; une princesse de la fière maison d'Autriche partageait son trône, et son fils, en naissant, était le roi de Rome. Pourquoi donc l'aigle impérial étreignait-il dans ses puissantes serres la liberté, qui semblait râler sa dernière agonie ? Pourquoi la vérité faisait-elle peur ? et quel était le secret de la faiblesse cachée sous cet état de gloire et de grandeur ? Les hommes ne pouvaient arrêter Napoléon dans sa course immodérée : lui seul était assez fort pour mettre des bornes à son autorité ! Mais dans son aveuglement il ne voyait ni le mouvement qui s'opérait dans les esprits, ni les résistances qui s'organisaient ; habitué à surmonter toutes les difficultés, il semblait ne devoir rencontrer jamais d'obstacles..... La libre discussion des affaires publiques, la vérité portant aux pieds du trône, avec l'expression de l'amour des peuples, les cris de douleur des familles, pouvaient seuls sauver l'Empire, si l'Empire avait pu être sauvé. Chez les peuples de l'Europe, l'exaspération était à son comble, la France était épuisée, le bonheur lui était même las..... A l'extérieur, abus de la conquête; à l'intérieur, abus de l'autorité, et partout le silence.

Accablé sous le poids de cette immense dictature, Chateaubriand se retire dans sa petite maison de la Vallée-aux-Loups... Là, au milieu de ses livres, seuls amis qui lui restent, il s'occupe des choses du passé, cherche l'oubli du présent et attend l'avenir.

DEUXIÈME PARTIE

de 1814 à 1830

LE PUBLICISTE ET L'HOMME D'ÉTAT

L'Empire français de 1812 étendait ses limites de la mer Adriatique à la mer du Nord, et comptait cinquante millions d'habitants. Les alliés du grand empereur, ses obligés à divers titres, régnaient sur trente millions de sujets, sans y comprendre l'Espagne, qui ne fut jamais entièrement soumise. L'empire d'Occident était reconstitué, et aucun État, en Europe, ne semblait capable de lutter contre une telle puissance. Deux ans plus tard, la guerre a été transportée des murs de Moscou aux rives de la Seine ; les armées de la France luttent avec peine contre des armées dix fois plus nombreuses ; les soldats de l'Europe coalisée sont maîtres de Paris et de nos plus belles provinces ; Napoléon, vaincu, abandonné par ses premiers lieutenants, trahi par ceux qui lui doivent tout, déshérité de l'esprit de sagesse, coupable par sa folle obstination d'avoir livré son pays à l'invasion étrangère, doute pour la première fois, non pas de son génie, mais de sa fortune ; et, reconnaissant son impuissance à l'audace de ceux qui osent lui dire de tardives vérités, se soumet à sa destinée et abdique.

Chateaubriand suivit avec une horrible anxiété cette lutte de géants ; les malheurs de la patrie trouvèrent un terrible écho dans son cœur.

La France, humiliée sous le fer des soldats étrangers, cette gloire naguère si brillante, dont un nuage obscurcit les rayons, lui arrachent
des larmes. Il est sans pitié pour celui auquel il fait remonter la cause
de ses désastres, et quand le bruit des armes a cessé, il sort de la retraite où depuis deux ans il s'est renfermé; il se déclare le défenseur
des intérêts de la patrie, le champion de ses droits, et il va faire entendre une voix trop longtemps méconnue, la voix de la France ! Dans le
champ clos de l'Europe que Napoléon a pris pour théâtre de ses exploits,
le sort des armes a prononcé : la victoire est restée aux plus nombreux
bataillons. Cependant l'Empereur, retiré à Fontainebleau avec une
armée dévouée, reste glorieux de vingt ans de combats, attendait l'arme
au bras pour savoir si les conditions de son abdication seraient accep-
tées. Il était résolu, en cas de refus, à recommencer la lutte, lutte inégale, mais terrible ! Les souverains étrangers, embarrassés de leur
victoire inespérée, n'osaient se prononcer sur la forme de gouvernement qui convenait à la France et devait assurer la paix du monde;
le gouvernement provisoire était frappé d'impuissance dans son isolement, le Sénat tremblait sous le poids de son impopularité..... C'est
dans ce moment suprême, le 30 mars 1814, que Chateaubriand jette
dans la lice son ouvrage intitulé : *De Buonaparte et des Bourbons*. Il
prononce hautement la déchéance de Napoléon et l'avénement du roi
légitime. De la pleine autorité de son génie et de ses sentiments, il
proclame Louis XVIII et fait partout retentir ce nom que les membres
les plus influents du gouvernement provisoire osent à peine murmurer
à l'oreille de l'empereur Alexandre, dans le salon de l'hôtel de la rue
Saint-Florentin. Il avait une âme peu commune celui qui, le premier,
eut le courage d'inaugurer ainsi la Restauration et d'annoncer l'ère de la
liberté, qui pouvait seule remplacer l'ère de la gloire.

Le livre de Chateaubriand donnait la clef d'une situation dont chaque
heure accroissait le péril et devant laquelle il était nécessaire de prendre
une prompte et ferme décision ; il fut accueilli avec un enthousiasme extraordinaire.

La France était lasse de ce système de guerres perpétuelles, pratiqué sur une vaste échelle avec ses trésors, avec son sang; elle était

lasse des mesures arbitraires de la police, du mutisme commandé à la presse et à tous les corps constitués ; aussi il suffit de parler de liberté et de paix, ces biens inespérés, pour donner de la popularité aux princes de la maison de Bourbon.

Le nom de ces princes était à peine connu en France ; leur souvenir vivait dans quelques familles aristocratiques, chez lesquelles la fidélité est un héritage ; un petit nombre d'hommes échappés à la hache révolutionnaire, ou revenus de l'émigration, étaient les seuls défenseurs de leurs droits ; mais aux jours de crise, le droit est impuissant pour arrêter ou précipiter une révolution : il faut quelque chose de plus frappant, de plus immédiat qu'un principe. Chateaubriand le comprit ainsi ; la question de principe resta, pour ainsi dire, au second plan : il dit ce qu'emportait Napoléon : la guerre, le despotisme ; il montra ce que donnaient les Bourbons : la paix, la liberté, la légitimité.

Nul n'aurait pu réunir à tant de talent tant de patriotisme et d'indignation ! Le commencement de ce livre : « Non, je ne croirai jamais que j'écris sur le tombeau de la France ; je ne puis me persuader qu'après le jour de la vengeance nous ne touchions pas au jour de la miséricorde.... » et les phrases suivantes sont d'une haute éloquence. S'il est impossible, après cinquante années, de lire sans émotion ces pages brûlantes, quel effet durent-elles produire au jour de leur apparition sur un public surexcité par des malheurs inouïs ; et incertain de l'avenir réservé à la patrie. Pour exercer son action salutaire, Chateaubriand n'avait pas besoin de ces regrettables excès de langage qu'on lui a souvent reprochés ; ils n'ajoutent rien à la force de son argumentation. Mais beaucoup d'écrivains partagèrent alors cet entraînement, et parmi les hommes qui devaient tout à l'Empereur, plusieurs poussèrent encore plus loin l'audace des récriminations et des injures. Je ne veux pas justifier la faute de Chateaubriand par l'ingratitude de ces derniers ; mais lui, au moins, n'avait à se souvenir que des menaces et des mesures arbitraires de la police et de la mort affreuse d'un parent bien-aimé. Cependant il eût été plus digne de son grand caractère d'oublier ce qui, dans le passé, avait froissé ses intérêts, ses affections ou ses opinions, et de respecter davantage le malheur..... Le malheur de

Napoléon était en effet à son comble. Cet homme, qui pendant vingt ans,
avait occupé une si grande place dans le monde et était monté, en
quelques années, de l'école de Brienne au trône d'une monarchie presque universelle ; ce conquérant qui avait porté ses armes victorieuses
dans la plupart des contrées de l'Europe, et qui avait ébloui le monde
par l'éclat de sa renommée ; Napoléon, séparé de sa femme et de son
fils, suivait le chemin de l'exil et était réduit à se cacher sous l'uniforme
d'un officier autrichien, pour traverser un des départements de la
France. Pour lui quelle douleur ! quelle honte pour nous ! C'est la seule
fois que Chateaubriand n'ait pas trouvé dans son cœur une larme pour
le malheur. Le but à atteindre était si grand que les moyens se justi-
fiaient facilement ; mais, plus tard, il a rendu justice à celui qui avait
voulu faire de la France la première nation du monde, et dont le bras
victorieux a tenu si haut le drapeau de la patrie.

Chateaubriand avait d'ailleurs plus que beaucoup d'autres senti le
poids du despotisme impérial. Son génie l'avait mis en évidence ; ses
ouvrages avaient eu d'éclatants succès ; son nom était une puissance ;
et ce génie, ces succès, ce nom, il n'avait rien voulu mettre au service
de César. Simple journaliste, le *Mercure* lui avait été arraché des
mains ; membre de l'Académie, la parole lui avait été ôtée ; un ordre
impolitique l'exila quelques jours à Dieppe ; il était l'objet des inces-
santes surveillances de la police. Au jour de la liberté, sa colère fit
explosion. D'un autre côté, des princes longtemps regrettés apportaient
la paix, la liberté, le gouvernement représentatif, donnaient une
charte, transaction sage et juste à ses yeux entre un passé qui ne pouvait plus revenir et des idées nouvelles, auxquelles il fallait donner
satisfaction. C'est dans ces sentiments divers qu'il faut chercher l'explication des emportements de l'écrivain et l'excuse dont il a peut-être
besoin. Après ce blâme, nous reconnaissons que le livre *De Buonaparte
et des Bourbons* a été l'expression habile et énergique des passions
du moment, et qu'il contribua à réunir autour des princes de la maison
de Bourbon ceux que le despotisme et la guerre avait blessés, ceux qui
voulaient la liberté et le gouvernement représentatif, ceux qui, à un
titre quelconque, se rattachaient aux anciennes traditions de la France,
et enfin cette foule sans nom qui se disperse au vent de l'adversité et

qui va toujours se grouper autour du vainqueur, soit par intérêt, soit par amour des nouveautés. Chateaubriand avait compris que, dans ces jours de luttes suprêmes, les Bourbons seuls peut-être pouvaient conserver à la France sa place dans la grande famille des nations.

Le service que venait de rendre Chateaubriand à la cause de la légitimité était immense, et Louis XVIII le reconnaissait; il avait l'habitude de dire que le livre *De Buonaparte et des Bourbons* lui avait valu autant qu'une armée. Cependant ce serviteur utile et dévoué était tenu à l'écart, parce qu'il ne séparait jamais le roi de la charte et de la liberté de la presse. Le dévouement qui n'exclut ni la franchise des conseils, ni la liberté des actions, ni l'indépendance du caractère, est presque toujours mal apprécié. Dans les conciliabules qui se tenaient alors chez quelques hommes influents, et plus particulièrement aux Tuileries, chez monsieur de Blacas, il avait émis le vœu que le drapeau tricolore fût conservé; il avait désapprouvé la création de la maison militaire du roi; il combattait toujours et partout cette effervescence de royalisme qui voulait ramener toutes choses aux époques antérieures à la révolution de 1789. Il n'était pas, comme tant d'autres, frappé d'aveuglement et de vertige. Le mot charmant du comte d'Artois : « Rien n'est changé dans la France, je n'y vois qu'un Français de plus, » portait avec lui dans sa forme gracieuse et aimable quelque chose de fatal. En effet, les lois, les usages, les costumes, les circonscriptions territoriales, les formes judiciaires et administratives, la constitution de la propriété, les fortunes, tout était changé : aveugles ceux qui ne le voyaient pas.

Chateaubriand n'était pas resté étranger aux innovations qui s'étaient produites; il comprenait que les changements survenus étaient imprescriptibles. Il blâmait les fautes, il avait horreur des crimes de la Révolution, mais il n'en méconnaissait aucun des bienfaits; il détestait le despotisme de l'Empire, mais il n'en reniait aucune des gloires. Il pensait que les gouvernements absolus n'étaient plus en rapport avec les besoins des sociétés modernes, que c'était un grand honneur pour les Bourbons que d'inaugurer en France le gouvernement représentatif et de donner un noble exemple aux souverains de l'Europe continentale.

C'est dans cette gloire pacifique, c'est dans la pratique sincère de ce système qu'il voyait l'affermissement de la légitimité et le bonheur de la France.

Ces idées faisaient peu de prosélytes à la cour. Les croix, les dignités, les honneurs, les emplois et même les plus hauts grades de l'armée étaient accordés sans discernement à tous ceux, et le nombre en était grand, qui n'avaient pas honte de tendre la main et de demander la récompense de services qui n'avaient pas toujours été rendus. Mais Chateaubriand ne voulait ni être coudoyé dans cette cohue de dévouements douteux, ni aller à cette bruyante curée, une des hontes de la Restauration; il se tenait à l'écart et attendait que la faveur royale vînt le chercher. Il eut peut-être vainement attendu; mais une femme distinguée entre toutes, encore plus par son esprit et ses sentiments que par sa naissance et par son rang, ne cessait de protester contre cet injuste oubli, et obtint enfin pour lui le poste de ministre plénipotentiaire en Suède.

Les fautes commises cependant avaient porté leurs fruits. Napoléon, miraculeusement échappé de l'île d'Elbe, était débarqué au golfe Jouan et marchait sur Paris sans rencontrer nulle part de résistance; les soldats et le peuple embrassaient sa cause avec un inconcevable entraînement et le retrouvaient avec des transports d'enthousiasme. Cette subite apparition, cette marche rapide qui ressemblait à un triomphe, vint jeter le gouvernement dans une indicible confusion. Le palais du roi était ouvert à tous venants; l'on demandait des ordres, personne n'en donnait; que faire? quel parti prendre? quelle digue opposer à ce torrent irrésistible? A mesure que Napoléon se présente devant les régiments, les régiments abandonnent la cause royale aux cris de : Vive l'Empereur! On ne peut plus compter sur l'armée : les généraux eux-mêmes, les chefs de corps, malgré leurs serments et leurs protestations de dévouement, sont entraînés ou méconnus s'ils résistent, la maison militaire du roi, seule fidèle, est notoirement insuffisante pour la lutte; les étrangers sont loin, nul secours à attendre d'eux... La fuite est donc le seul moyen d'échapper au vainqueur. Chateaubriand, à peu près seul entre tous, conseillait de ne pas partir; il pensait que le roi, comme ces sénateurs romains qui attendirent sur leur chaise curule les Gaulois, nos ancêtres, devait rester sur son trône et mettre le soldat heureux en présence d'un petit-fils de saint Louis et d'Henri IV. Mais un semblable conseil fut à peine écouté; la peur s'était emparée de toute la cour, et, dans le secret de la nuit, Louis XVIII quitta les Tuileries, suivi d'un très-petit nombre de serviteurs.

Chateaubriand apprit par hasard cette fuite le lendemain matin. Il fut blessé de ne pas avoir été prévenu; mais dans de si graves circonstances, en présence d'un si malheureux événement, son dévouement ne dut pas compter avec son amour-propre, et il fit immédiatement ses préparatifs pour rejoindre la cour. Auprès du roi, il pouvait être utile à la légitimité; en France, la résistance légale paraissait impossible, et la guerre civile, quelle que fût son admiration pour les Vendéens, était une de ces extrémités que son patriotisme repoussait absolument. Eût-il été prudent d'ailleurs de rester en France? Sa brochure pouvait-elle être oubliée par le nouveau gouvernement, et l'Empereur ne se souviendrait-il pas d'avoir été outragé?

Louis XVIII, à son arrivée à Gand, constitua son gouvernement; Chateaubriand fut nommé ministre de l'intérieur, *ad interim*, et ce fut en cette qualité qu'il rédigea, le 12 mai 1815, son Rapport au roi sur l'état de la France. Ce document, répandu partout, envoyé à toutes les cours de l'Europe, eut beaucoup de retentissement; rédigé avec une grande énergie de style, il est empreint de la colère qu'inspire à l'auteur ce qu'il appelle l'invasion passagère de Bonaparte et de son indignation contre les sujets rebelles qui ont trahi le serment qu'ils venaient de faire au roi légitime; mais en même temps il se montre l'ami de son pays, le défenseur d'une sage liberté et le serviteur dévoué de la maison de Bourbon. C'est ainsi que nous l'avons toujours vu, c'est ainsi que nous le verrons toujours. Il disait au roi, au nom de tout le ministère : « Nous sommes prêts à verser pour vous jusqu'à la dernière goutte de notre sang, à vous suivre jusqu'au bout de la terre, à partager avec vous les tribulations qu'il plaira au Tout-Puissant de vous envoyer, parce que nous croyons, devant Dieu, que vous maintiendrez la constitution que vous avez donnée à votre peuple, que le

vœu le plus sincère de votre âme royale est la liberté des Français. S'il
en avait été autrement, nous aurions cessé d'être vos conseillers et vos
ministres. »

Sans doute, ce fier langage, ne déplaisait pas au roi qui avait, dit-on,
en 1814, approuvé la publication de l'écrit intitulé : *Réflexions politiques;* mais il blessait profondément les princes de la famille royale
et plus encore peut-être les opinions de la cour. C'est pour cela surtout que nous désirons en rappeler le souvenir, à l'éternel honneur du
ministre qui avait le courage de braver de si hautes désapprobations.

Les événements du dehors étaient suivis par cette cour avec un intérêt, une inquiétude dont il est facile de se rendre compte. Le congrès
de Vienne avait publié son redoutable manifeste; les armées ennemies
marchaient de nouveau contre la France; de son côté, Napoléon était
entré en campagne, l'on s'attendait à une bataille..... Un jour, le 18
juin 1815, jour de deuil éternel pour la France! Chateaubriand était
sorti de Gand par la porte de Bruxelles, les *Commentaires de César*
sous le bras, pour se promener sur le grand chemin..... A une lieue
environ de la ville, il croit entendre un sourd roulement, il regarde le
ciel, rien n'annonce un orage ; il continue sa promenade..... « Nous
n'avions pas fait trente pas, » dit-il, car nous lui laissons la parole, « que
le roulement recommença tantôt bref, tantôt long et à intervalles iné-
gaux..... Ces détonations, moins vastes, moins onduleuses, moins liées
ensemble que celles de la foudre, firent naître dans notre esprit l'idée
d'un combat. Nous nous trouvions devant un peuplier planté à l'angle
d'un champ de houblon ; nous traversâmes le chemin et nous nous
appuyâmes debout contre le tronc de l'arbre, le visage tourné du côté
de Bruxelles. Le vent du sud s'étant levé nous apporta plus distincte-
ment le bruit de l'artillerie..... Cette grande bataille encore sans nom,
dont nous écoutions les échos du pied d'un peuplier, et dont une horloge
de village venait de sonner les funérailles inconnues, c'était la bataille de Waterloo..... Bien qu'un succès de Napoléon nous ouvrit un
exil éternel, la patrie l'emportait en ce moment dans notre cœur; nos
vœux étaient pour l'oppresseur de la France, s'il devait, en sauvant notre
honneur, nous arracher à la domination étrangère..... »

Ces vœux d'un si noble cœur ne furent point exaucés; les savantes conceptions du plus grand homme de guerre des temps modernes, ce que le courage le plus éclatant peut oser, ce que l'amour de la patrie peut inspirer de plus sublime dévouement, tout fut inutile ! La main de Dieu s'était retirée de nous, et la France eut à enregistrer dans ses sanglantes annales un grand désastre de plus!

Le court exil de Louis XVIII et de sa famille allait donc finir, mais à quel prix ! Le roi rentrait en France à la suite d'un million de soldats étrangers! Chateaubriand avait l'âme douloureusement oppressée des misères de la situation présente et des difficultés que devait rencontrer cette seconde Restauration; sa poitrine se soulevait d'indignation contre l'homme dont la folle entreprise avait amené de semblables malheurs, mais il n'épargnait pas les princes dont l'impéritie et l'aveuglement avaient rendu possible l'audacieuse tentative de Napoléon et en avait amené l'étonnant succès!

Le nouveau gouvernement, plus juste ou mieux inspiré qu'en 1814, s'empressa de reconnaître les services et le dévouement de Chateaubriand. On lui offrit d'abord un portefeuille; il refusa, pour ne pas faire partie d'une combinaison ministérielle dont Fouché était le pivot; puis on lui confirma le titre de ministre d'État qui lui avait été donné à Gand, et quelques jours après il fut élevé à la dignité de pair de France. La nouvelle de cette nomination lui parvint à Orléans, où il présidait le collége électoral. A l'ouverture de la première séance, il avait pris la parole, il demandait aux électeurs de choisir des hommes purs des crimes, des trahisons et des erreurs du passé: « Sans doute, ajoutait-il, il faut nous interdire tout reproche, toute récrimination, toute vengeance, et pardonner comme notre roi; mais il y a loin de cette indulgence nécessaire à une criminelle impartialité. Ainsi donc il faut pardonner aux hommes, mais le passé doit nous servir de leçon, et il ne faut pas l'oublier. » Malheureusement la majorité de la chambre qui sortit de ces élections ne voulut ni oubli ni pardon, et entraîna le gouvernement dans un fatal système de réaction.

Chateaubriand prit plusieurs fois la parole à la chambre des pairs;

il soutint la résolution de la chambre des députés qui demandait des épu-
rations dans la magistrature et voulait, en conséquence, la suspension
de l'inamovibilité des juges ; il prit une part active à la discussion de la
loi électorale, de la loi sur les pensions ecclésiastiques et à toutes les
affaires importantes qui furent soumises à l'examen de la haute chambre,
soit dans les comités secrets, soit dans les séances. Ses discours n'eurent
pas un grand retentissement, parce que les débats n'étaient pas publics ;
mais ils furent assez remarqués au Luxembourg pour donner à l'orateur
une légitime importance et le mettre en rapports sympathiques avec la
chambre des députés, qui avait une très-grande influence sur le gouvernement : le poëte était déjà un homme politique. Écrivain, Chateaubriand était sorti des voies frayées par les auteurs des siècles précédents ; il avait initié son époque à une nouvelle littérature ; il avait fait
école, il avait eu de nombreux imitateurs, mais n'avait pas rencontré
de rivaux. Homme politique, il se fit une situation également excep-
tionnelle, et fut peut-être le fondateur de la réunion pour laquelle on a
rajeuni le nom de *tiers-parti*. Par sa famille, par ses antécédents, par
son dévouement aux Bourbons, par sa haine du despotisme impérial,
par sa répulsion des excès de la Révolution, par ses croyances catholiques, il appartenait au parti royaliste ; par son amour de la liberté,
par son attachement à la charte, par sa foi dans le gouvernement représentatif, il appartenait au parti libéral. C'est dans cette situation qu'il
faut chercher le secret de la popularité qui s'est attachée à son nom
et de la considération dont il a joui ; c'est là aussi que nous trouverons
la cause des attaques dont il a été l'objet ; traité tour à tour par les uns
de révolutionnaire et de renégat, et par les autres de réactionnaire et
d'ultraroyaliste. Mais quand le jour de la justice est arrivé, tous les
partis se sont confondus dans un commun sentiment d'admiration et se
sont inclinés avec respect devant cette intelligence incomparable et
devant cette haute pratique de ce que la fidélité et l'honnêteté peuvent
inspirer de dévouement et d'abnégation.

Les royalistes séparaient toujours la royauté de la charte, et leur
dévouement au roi n'excluait ni un grand mépris pour la constitution
qu'il avait donnée à son peuple, ni le désir de la renverser ; d'un autre
côté, la majorité de la France ne voulait pas séparer le roi et la charte.

Chateaubriand comprenait que gouverner en dehors de ces conditions, c'était appeler des révolutions. S'il partageait les passions des royalistes, il était trop sage, trop éclairé pour partager leur aveuglement et leurs fureurs. Dans ces circonstances, il crut de son devoir de pair de France et de ministre d'État d'éclairer les partis sur les dangers de la situation et sur leurs obligations réciproques ; il le fit avec une grande force et un talent remarquable dans l'écrit intitulé : *De la Monarchie selon la Charte.*

« Il y a, disait-il, trois manières de vouloir le roi légitime :

« 1° Avec l'ancien régime. — Il y a impossibilité, nous l'avons prouvé ailleurs ;

2° Avec le despotisme. — Il faut avoir, comme Bonaparte, 600,000 soldats dévoués, un bras de fer, un esprit tourné vers la tyrannie ; je ne vois rien de tout cela.

« 3° Avec la charte. — Reste donc la monarchie constitutionnelle. »

Et comme les Français, dit-il, en politique comme en religion, en sont encore au catéchisme, il s'attache à leur faire connaître leurs droits et leurs devoirs. Il est impossible d'apporter plus de bon sens, plus de vérité pratique dans un ouvrage de cette nature ; le poëte s'est évanoui, le publiciste s'est révélé.

Au moment où cet ouvrage, déjà à l'impression, allait paraître, il se produisit un incident dont nous sommes obligé de rendre compte. Le ministère et Louis XVIII lui-même étaient entraînés à regret dans un système de réaction et de violence qui créait au gouvernement de grands embarras et soulevait l'indignation de tout ce que la France comptait d'hommes sages et véritablement dévoués au roi et à la patrie. La chambre des députés était la tête de ce parti qui ne parlait que de commissions militaires, de cours prévôtales, de conseils de guerre, de répressions et de vengeance; il était impossible, avec elle, de donner aux actes du gouvernement une marche modérée, accommodée aux

circonstances et en rapport avec l'opinion publique. La session avait
été close le 20 avril 1816 ; l'action que la chambre avait exercée commençait à se faire moins sentir, et la réunir encore c'était appeler de
nouvelles violences. La dissolution fut donc résolue dans les conseils
du gouvernement; mais la loi électorale adoptée par la chambre des
députés avait été rejetée à une très-grande majorité par la chambre des
pairs, et, chose remarquable, Chateaubriand presque seul en avait proclamé la nécessité et défendu les principales dispositions. Il n'y avait
donc pas de loi.

L'ordonnance du 5 septembre 1816 eut pour objet de combler cette
lacune; elle régla toutes les conditions de cens et d'éligibilité, prononça
la dissolution de la chambre et convoqua les colléges électoraux pour
en élire une nouvelle. Chacun se réjouit ou s'affligea de cet acte, suivant l'intérêt de son parti ; mais Chateaubriand, plus habile, plus intelligent que les partis, vit dans cette célèbre ordonnance une atteinte portée à la constitution ; et, ne pouvant faire plus en ce moment, puisque la
chambre des pairs était fermée, il ajouta un post-scriptum à *La Monarchie
selon la Charte*. Dans un cri de douleur, il déplore amèrement la dissolution de la chambre, seule assemblée royaliste, dit-il, depuis 1789 ; il
craint que l'élection ainsi faite ne donne une chambre incapable et révolutionnaire, et il ajoute de cette voix prophétique dont les accents ont
été si obstinément méconnus, qu'un beau matin il est possible que la
charte soit confisquée au profit de l'article 14, et il fait appel à tous
les bons Français contre un ministère qui découvre si malheureusement la royauté pour sauver sa propre existence. Nous n'avons aucun
regret à donner à la chambre introuvable, mais nous ne pouvons nous
empêcher de faire remarquer le respect de Chateaubriand pour la
charte, et combien il redoutait qu'il fût porté atteinte à la constitution.

Le ministère ordonna la saisie de l'ouvrage ; Chateaubriand averti
courut à l'imprimerie, protesta, au nom de la charte, contre la violation de son droit, et *La Monarchie selon la Charte* fut déférée à l'autorité judiciaire. Le procureur du roi fit comparaître l'imprimeur qui
avait édité et publié ce code politique; mais l'accusation ne put se sou-

tenir; une ordonnance de non-lieu intervint, et le ministre de la justice s'empressa d'en informer l'auteur. Le ministère ainsi vaincu cacha la honte de sa défaite dans la honte d'une destitution; Chateaubriand fut rayé de la liste des ministres d'État, place que personne n'était plus digne d'occuper, et qui lui était nécessaire pour soutenir son rang. Riche seulement de gloire et d'honneur, il fut obligé de vendre sa bibliothèque, témoin de ses travaux, qu'il ne fut jamais assez riche pour reconstituer, et la Vallée-aux-Loups, cette douce retraite que lui avait donnée le *Génie du Christianisme*, et qu'il s'était plu à embellir.

Le succès de la monarchie selon la Charte vint consoler le grand écrivain des disgrâces ministérielles; malgré la blessure qui venait de lui être faite, malgré l'injustice dont il était victime, ses opinions restèrent les mêmes, rien ne fut changé dans sa polémique, il n'en fut pas moins dévoué au roi et à la monarchie constitutionnelle; seulement réduit à la pension de Pair, ainsi qu'il nous l'apprend, il allait à pied à la Chambre quand il faisait beau et en fiacre quand il pleuvait. « Que « sont, disait-il, de misérables intérêts d'amour-propre auprès d'un « principe inhérent au gouvernement représentatif. » C'est ainsi qu'il désignait la liberté de la Presse.

Les élections amenèrent une chambre dont la majorité était plus constitutionnelle et plus modérée. Les électeurs avaient ainsi donné raison au coup d'État du 5 septembre et au roi; le calme semblait rentrer dans les esprits, le Gouvernement paraissait en pleine sécurité, le ministère pouvait compter sur une forte majorité. Dans ces circonstances, le duc de Richelieu pensa que sa présence n'était plus utile, et après avoir rendu à la France le plus grand service qu'un citoyen puisse rendre à son pays, après avoir, au congrès d'Aix-la-Chapelle, décidé les souverains étrangers à évacuer le territoire français, sans attendre l'échéance du traité, le premier ministre déposa sa démission; il sortit du ministère emportant les regrets de son maître et l'estime de tous les honnêtes gens. M. Decazes fut chargé par le roi de composer un nouveau cabinet; il eut la modération de ne pas prendre pour lui la première place, mais personne ne s'y méprit, c'était bien à lui qu'appartenait la direction supérieure. M. Decazes chercha d'abord à former, dans les chambres une majorité en dehors de tous les partis et composée d'hommes sages, quels que fussent leurs antécédents ou leurs opinions actuelles. Si ce résultat eût pu être atteint, la monarchie constitutionnelle était peut-être fondée à jamais ; mais les royalistes n'avaient pas dans cette combinaison la situation qu'ils se croyaient en droit d'exiger ; la partie la plus libérale de la chambre n'avait aucune confiance dans le ministère et M. Decazes chercha son appui dans le centre, et plus particulièrement dans le centre gauche ; la majorité allait donc se former en dehors du parti royaliste. Chateaubriand, comprenant le danger, réunit autour de lui quelques hommes distingués et capables ; il leur montre la nécessité de défendre la Monarchie contre le système trop libéral du ministère ; il leur fait peur des doctrines des journaux révolutionnaires et surtout des tendances bonapartistes ; enfin il leur déclare que le moment est arrivé d'établir d'une manière plus forte la prépondérance du parti royaliste, de lui donner une puissance de cohésion qu'il n'a pas, un lien qui lui manque, une voix qui puisse le défendre contre les attaques ; il ajoute qu'il faut proclamer les principes qui font sa force et se rattacher d'une manière indissoluble au roi et à la charte. C'est ainsi que le *Conservateur* fut fondé. Tous les écrivains réunis sous l'autorité de ce grand nom n'avaient pas sans doute les mêmes doctrines, ne tendaient pas vers le même but ; mais Chateaubriand les dominait tous et en faisait une phalange disciplinée et obéissante. Nul journal n'eut une aussi grande influence et ne s'éleva jamais à une telle hauteur d'appréciations ; nulle ligne politique ne fut défendue avec plus de talent, de conviction et de loyauté. Selon le *Conservateur* l'union des royalistes devait assurer l'avenir de la monarchie, non-seulement par leur dévouement absolu à la royauté, mais encore par la pratique sincère du gouvernement constitutionnel.

La liberté de la presse devait servir à défendre les institutions et à enseigner tout ce qu'elle donnait de force et de grandeur à la maison de Bourbon.

Cependant M. Decazes appuyé sur la confiance croissante du roi, résistait à tous les adversaires ; mais devant un crime dont il fut innocent, la faveur qui le soutenait devait bientôt se retirer de lui, et il tomba sous le poids de la plus injuste des accusations.

Une nuit, celle du 13 au 14 février 1820, un ami frappe à la porte de Chateaubriand et lui annonce que le duc de Berry a été assassiné. Il le conduit à l'Opéra, dans l'appartement du régisseur. Le prince, frappé d'un coup mortel, gisait-là, sur un lit préparé à la hâte..... les membres de la famille royale l'entouraient... Ce fut ainsi que Chateaubriand assista aux derniers moments de ce prince qui devait être le dernier de sa race, si la Providence, dans ses impénétrables desseins, n'en avait autrement ordonné... Le duc de Berry paraissait disposé à suivre la marche politique tracée par le *Conservateur*, son penchant l'entraînait plus que tous les autres membres de la famille royale vers Chateaubriand ; Chateaubriand voyait en lui le roi constitutionnel de l'avenir, un protecteur à l'aide duquel il pourrait un jour diriger les destinées de sa patrie. La noble ambition du pouvoir est, dans une âme élevée, l'amour du bien, et Chateaubriand ne le comprenait pas autrement. Il regretta donc sincèrement le duc de Berry, mais qui donc, hélas ! fût resté insensible en présence de ce prince qui sentait la vie lui échapper avec son sang et dont la dernière parole fut pour demander la grâce de son assassin. Les pleurs d'un père et d'un frère, le désespoir de Mme la duchesse de Berry, la douleur plus calme de Mme la duchesse d'Angoulême, dont la vie n'avait été qu'un long cri de douleur, augmentaient l'impression profonde de cette scène de désolation ; l'entrée de Louis XVIII, ce vieillard impotent qui venait embrasser son fils d'adoption, grandit l'émotion de tous, et quand la religion fit descendre son dernier pardon sur la tête de l'illustre victime, le silence se fit solennel comme la tombe, toutes les vies furent comme suspendues à cette vie qui s'éteignait, et pour dernier adieu, la douleur éclata en cris et en sanglots... Dans cette même nuit, sous ce même toit, retentissait de l'autre côté de la mince muraille, le bruit joyeux de la musique, les cris des masques et cette frénétique joie de carnaval qui ne peut être racontée dans aucune langue... La douleur de Chateaubriand fut immense et il l'épancha quelque temps après dans un écrit intitulé : *Derniers moments de monseigneur le duc de Berry.*

Dès le matin de cette fatale nuit, les ministres annoncent à la chambre des pairs et à la chambre des députés le malheur qui vient de frapper la famille royale et la monarchie ; ils proposent, en demandant une discussion immédiate, la loi électorale si impatiemment attendue par le parti royaliste, et une loi pour la suspension de la liberté individuelle et de la liberté de la presse, concessions tardives et inutiles! condescendances déplorables! l'esprit de parti ne désarme jamais! La destitution de M. Decazes fut le gage de la douleur de la famille royale, comme si le sang versé eut crié vengeance contre lui!

M. le duc de Richelieu toujours dévoué à son roi et à son pays, vint reprendre la direction des affaires.

Les lois présentées furent votées dans les deux chambres; Chateaubriand eut le courage, dans cette circonstance, de se séparer de ses amis, et presque seul, du parti royaliste, il vota contre ces lois d'exceptions; il fit plus encore : ne voulant pas que la censure souillât le *Conservateur*, ce journal cessa de paraître : « Prince chrétien, disait ce grand cœur, digne fils de saint Louis, nous avons la douloureuse consolation en terminant, d'attacher la fin de nos travaux à la fin de votre vie. » Les ciseaux de la censure auraient certainement respecté tout ce qu'aurait écrit, au milieu de telles douleurs et pénétré lui-même de tels regrets, le représentant le plus autorisé des royalistes. Il n'avait rien à redouter d'une censure exercée au profit de son propre parti, mais il ne fuyait ni la lumière de la vérité ni celle de la liberté! Il eût rougi de honte de se trouver l'épée à la main en face d'un adversaire désarmé. Après avoir lutté contre cette suspension de la liberté de la presse, c'était lui rendre le plus éclatant hommage que de cesser une polémique qui ne pouvait avoir de contradicteurs. « La censure, comme il l'a dit, n'est pas un moyen de défendre la société de l'envahissement des mauvaises passions; ce qui peut nous défendre, ce sont les libertés publiques et les gens de bien, la puissance de la morale et la force de la religion. »

Mais bientôt le duc de Richelieu comprit qu'il ne pouvait gouverner sans l'aide puissante du parti Royaliste qu'un crime venait d'unir d'une manière plus intime, et qu'il fallait faire entrer dans le ministère quelques-uns des hommes influents de la droite. Chateaubriand, qui avait **conservé avec le premier ministre des relations de famille, voulut bien** se charger de négocier un rapprochement, et il décida M. de Villèle à accepter l'entrée au conseil avec le titre de ministre sans portefeuille, à la seule condition que M. de Corbières y entrerait en même temps. On donna à ce dernier la haute direction de l'instruction publique. Le duc de Richelieu se montra reconnaissant et fit nommer Chateaubriand ministre plénipotentiaire à Berlin.

Pour la première fois il allait se trouver aux prises avec les affaires; la politique des faits allait prendre la place des discussions de la tribune et des articles de journaux. Dévoué au roi légitime, profondément attaché au gouvernement représentatif, à la charte et à la liberté, il n'abandonnera rien de ses opinions. Peu soucieux des grandeurs, il n'écoutera jamais que les conseils de son génie et de sa conscience; c'est à ces sources seules qu'il puisera les grandes inspirations et les courageuses déterminations qui ont honoré sa carrière politique.

Il arriva à Berlin au milieu du mouvement des fêtes, auxquelles le mariage récent du grand duc Nicolas de Russie, avec la; princesse Hélène, donnait une animation peu ordinaire.

Il fut accueilli avec une extrême courtoisie par le roi, les princes et les princesses de la famille royale, et admis immédiatement à la cour dans une sorte d'intimité dont les ambassadeurs étaient en général éloignés. Il fut distingué d'une manière toute particulière par la grande duchesse, depuis impératrice de Russie, et surtout par la duchesse de Cumberland, qui professait une grande admiration pour ses ouvrages et qui ressentit bientôt pour l'auteur lui-même une vive amitié. Mais quelles que fussent les séductions de ces plaisirs et de ces intimités, Chateaubriand comprenait que son titre lui imposait d'autres devoirs, et qu'il n'était pas là seulement pour assister à des bals et fréquenter les réunions de la cour; il se croyait une plus haute mission. En relisant les dépêches de M. le marquis de Bonnay, son prédécesseur, il fut frappé de leur insignifiance politique; on n'y lisait guère que des anecdotes plus ou moins gaies, plus ou moins bien racontées sur les personnages de la cour. C'était certainement un moyen de plaire au roi, qui aimait beaucoup ce genre d'esprit; mais pour un cœur aussi élevé que celui du nouvel ambassadeur, l'ambition d'être utile à son roi et à son pays laissait bien loin le désir de plaire, et il ne recherchait pas des succès de ce genre.

Depuis plusieurs siècles, la France tenait une grande place dans le monde, et à diverses époques, l'histoire nous la montre exerçant une noble et puissante influence; Louis XIV, sans remonter plus loin, en avait fait par les armes, par les sciences, par les lettres, par les arts, la première des nations; Napoléon, plus ambitieux encore, en avait fait l'arbitre des destinées des peuples de l'Europe! le sentiment national avait grandi sous l'empire de ces souvenirs! Ce que la France supportait le plus difficilement, c'était l'humiliation des traités de 1815 et la douleur de deux invasions successives; ce qu'elle regrettait par dessus tout, c'était cette couronne de reine qui était tombée de sa tête superbe! Les classes élevées, les esprits éclairés, trouvaient dans la légitimité, dans la liberté, dans la pratique du gouvernement représentatif des motifs de consolation et même de satisfaction, mais le peuple portait le deuil de son immense veuvage, et rien n'était venu le consoler. Ce que les Bourbons devaient donc chercher avant tout, et Chateaubriand, avec son admirable bon sens, l'avait très-bien compris, c'était de replacer la France au rang d'où elle était momentanément tombée et de lui donner avec la liberté, la force et l'indépendance; à ces conditions, la gloire de Napoléon aurait pu cesser d'être un sujet de regret pour le peuple, le temps présent un sujet d'humiliation et les Bourbons auraient donné à leur couronne l'éclat qui lui manquait. Mais hélas! cette conception appartenait au génie et le génie rencontre des envieux, des adversaires, rarement des clients; et la foule, ivre des succès d'un jour, suit les voies tracées et ne voit pas l'avenir. Le temps a donné raison à Chateaubriand. Nous admirons aujourd'hui plus que jamais avec quelle justesse d'appréciation il avait compris la France; si les événements et les hommes passent emportés par le temps, les grandes idées sont immortelles, l'histoire en enregistre le souvenir; elles germent, et un jour elles portent leurs fruits! Chateaubriand ne fut pas alors écouté, et de nouveaux malheurs, de nouvelles révolutions ont brisé, ont dispersé cette famille infortunée des Stuarts du xixe siècle! En politique les fautes ne se réparent jamais, et quand un éclair vint apporter la lumière aux plus aveugles, quand le jour du repentir arrive, une voix formidable comme celle de la fatalité, dominant tous les bruits, écartant toutes les résistances, s'écrie : Il est trop tard !

La situation de la France en Europe était peu digne de sa grandeur ; les nations étrangères, à force de stipuler contre elle, s'étaient habituées à compter sans elle ; elle semblait être en dehors du concert européen, et le rôle politique de l'ambassadeur de Louis XVIII à la cour de Prusse était fort in signifiant.

Le nom de Chateaubriand, son importance personnelle ne suffisaient pas pour agrandir cette situation dont il sentait les effets, mais dont les causes étaient au-dessus de lui. « J'ai tâché, écrivait-il un jour au ministre des affaires étrangères, de faire sortir la diplomatie du commérage. Aujourd'hui il ne faut prendre que ce qui doit vivre et n'attaquer que ce qui menace. » Sa correspondance diplomatique aurait été fort peu importante, s'il n'avait élargi lui-même le cercle de ses attributions. Sortant des étroites limites qui lui sont tracées, il s'occupe de tout ce qui se passe dans les autres contrées de l'Europe ; il voit d'un œil jaloux l'Autriche en Italie. « C'est l'Autriche, dit-il, qui réprime la révolution de Naples, mais il faudrait y aller pour briser des fers et non pas pour porter des chaînes... Au nord de la péninsule italique, le Piémont est en révolution ; il redoute encore l'intervention de l'Autriche et il demande que 25 mille Français occupent la Savoie, afin de montrer la cocarde blanche aux ennemis de la patrie. Les affaires intérieures de la France appellent aussi son attention ; il conseille d'adopter franchement le gouvernement constitutionnel, de rapporter les lois d'exception, d'affranchir les communes du joug ministériel et de renoncer à la centralisation. Il passe ainsi en revue les questions les plus importantes de la politique extérieure et intérieure et les examine toujours au point de vue des idées libérales et de l'intérêt de la France.

Cependant il se trouvait un peu oublié à Berlin ; il craignait que son éloignement ne fût une cause d'affaiblissement pour sa position de chef du parti royaliste, et il demanda un congé, afin d'assister au baptême du duc de Bordeaux. Il arriva à Paris au moment de cette céré-

monie. A cette occasion, et afin de conserver le souvenir d'un événement aussi important pour la famille royale, de nombreuses faveurs
furent largement répandues, et M. de Richelieu rendit à Chateaubriand
son titre de ministre de l'État : tardive réparation d'une impolitique
destitution !

Le parti royaliste était mécontent ; il se plaignait de ne pas être représenté dans le ministère d'une manière suffisante ; l'admission de
deux membres de la majorité avec des situations peu importantes ne le
contentait pas, et il demandait quelques adjonctions. MM. de Villèle et
de Corbière, soit ambition personnelle, soit seulement dans l'intérêt de
leur parti, pressaient le duc de Richelieu de leur donner une plus large
part dans la direction des affaires. Le roi ne se montrait pas disposé à
donner satisfaction à ces prétentions, et le président du conseil y était
fort opposé. Ce fut alors que MM. de Villèle et de Corbière remirent
leurs démissions au roi. Chateaubriand, par fidélité à ses engagements,
suivit ses amis dans leur retraite et envoya sa démission de ministre plénipotentiaire. « Dans la pratique du gouvernement représentatif, écrivait-il au ministre des affaires étrangères, l'usage est que les
hommes de la même opinion partagent la même fortune ; ce que
l'usage veut, l'honneur me le commande, puisqu'il s'agit non pas d'une
faveur, mais d'une disgrâce. »

Comment Chateaubriand avait-il pu établir une aussi complète solidarité entre lui et MM. de Villèle et de Corbière, et comment acceptait-
il leur patronage ? Était-ce sentiment de son insuffisance personnelle ?
ce n'est pas croyable. Était-ce fidélité à ceux qui défendaient la même
cause que lui à quelque titre que ce fût et malgré des différences
d'appréciations encore peu sensibles, sans doute, mais qui ne pouvaient pas échapper à sa perspicacité ? Était-ce qu'il reconnaissait
M. de Villèle, dans les circonstances présentes, comme chef du parti
royaliste, et que, dès lors, son ambition devait se borner, simple soldat, à servir sous ses ordres ? Obéissait-il seulement à une amitié con-
tractée dans des jours de lutte, et à laquelle il sacrifiait volontiers un
brillante ambassade ? Nous ne savons, mais nous sommes portés à croire
que Chateaubriand voyait surtout dans l'appui de M. de Villèle le moyen

de diriger le parti royaliste dans les voies libérales et constitutionnelles où il espérait le conduire. C'était une pensée d'ordre et d'avenir que celle de fonder le gouvernement représentatif sur les débris de l'ancienne aristocratie, et de s'appuyer sur ceux qui ne pouvaient désirer de nouvelles révolutions. En se retirant, il écrivit à Monsieur dont l'influence grandissait à mesure que l'âge et surtout les infirmités éloignaient le roi des affaires ; il conseille une loi sur la liberté de la presse, des mesures fortement répressives et jamais préventives, l'abolition des procès de tendances et de la censure, et enfin, une bonne loi municipale, pour obvier aux inconvénients de la centralisation, et il recommande surtout, c'était une des préoccupations de son patriotisme, de marcher la charte à la main, de défendre la religion contre l'impiété, mais de la mettre à l'abri du fanatisme et des imprudences d'un zèle exagéré qui lui fait beaucoup de mal ; quant aux relations avec les puissances étrangères, il supplie le prince de n'avoir jamais en vue que l'honneur, l'indépendance et l'intérêt de la France....... Puis il ajoute, comme si le livre de l'avenir eût été ouvert devant lui par la main de Dieu : « Que l'on abandonne les institutions, et je ne réponds pas d'un avenir de quelques mois....... » Par quelle étrange fatalité cette voix fidèle n'a-t-elle jamais été écoutée ? Par quel aveuglement la Restauration a-t-elle repoussé des conseils inspirés par tant de sagesse et de dévouement ?

M. le duc de Richelieu comprit bientôt que l'appui de la majorité de la chambre des députés lui manquait, qu'il lui était impossible de gouverner sans les royalistes, et que le seul parti qu'il eût à prendre était de se retirer avec ses collègues. Son successeur désigné à l'avance fut M. de Villèle qui choisit le ministère des finances. M. de Corbière eut l'intérieur, et M. le vicomte Mathieu de Montmorency les affaires étrangères. Les postes importants étant ainsi pris, Chateaubriand se trouvait écarté du ministère ; mais il avait trop d'influence, son nom avait eu un trop grand retentissement à l'occasion de sa démission pour qu'il fût possible de le laisser de côté et d'oublier déjà la fidélité qu'on lui devait. Il fut nommé ambassadeur en Angleterre, en remplacement de M. Decazes qui occupait ce poste depuis sa sortie du ministère.

Pour Chateaubriand qui croyait avoir mieux mérité, c'était encore un exil ; mais pour ne pas créer des embarras à ses amis, pour ne pas se séparer d'eux, par affection particulière pour M. de Villèle, il accepta.

L'histoire des événements qui vont suivre nous dira s'il y avait entre Chateaubriand et le principal ministre une grande conformité d'opinions politiques, une alliance basée sur la communauté des vues et des intérêts et sur la sympathie des caractères ; mais s'appuyant l'un sur l'autre avec des qualités, des défauts et des talents divers, ils disposaient d'une grande force et dirigeaient d'une manière complète le parti royaliste. M. de Villèle n'avait accepté la charte que comme un expédient de gouvernement ; Chateaubriand la croyant inséparable de la monarchie désirait son maintien à l'égal de la conservation de la monarchie elle-même, et voulait que les royalistes se rattachassent fortement à cette tutélaire garantie. L'un faisait à son parti les plus larges concessions, il lui cédait, il lui obéissait, il n'était son chef qu'à ces conditions ; la finesse de ses appréciations, son habileté en affaires, sa connaissance de toutes les matières de finances en faisaient un homme nécessaire aux royalistes, qui manquaient surtout d'hommes pratiques ; l'autre portait fièrement son drapeau, parlait avec un chaleureux entraînement d'honneur, de fidélité, de liberté publique, et mettait ses sentiments à cet égard au-dessus de tous les doutes, au-dessus de toutes les controverses. L'un, administrateur habile, plein de sagacité et de ressources, eut la gloire de donner au ministère des finances une organisation si complète et si puissante, qu'elle subsiste encore dans toute sa force, et que les changements survenus depuis n'en ont pas altéré les dispositions fondamentales. Homme de finances et de bourse, homme politique seulement dans ce que ce mot a de moins élevé, subordonnant toutes choses aux nécessités du crédit public, aux influences de la hausse et de la baisse. L'autre, homme de cœur et d'imagination, méditant la reconstitution du *pacte de famille*, rêvant la gloire, espérant une guerre heureuse, recherchant une alliance plus intime avec la Russie, rougissant des traités de 1815, poussait l'audace de ses projets jusqu'à la conquête de nos anciennes frontières du Rhin. M. de Villèle rapetissait les plus grandes choses à la vulgarité d'un calcul, Chateaubriand élevait les plus petites à la hauteur de son génie. Le premier défendait les actes de son administration avec une ténacité qui allait quelquefois jusqu'à la violence; il aimait le pouvoir, il s'y cramponnait par foi dans son système, par dévouement à son parti et non par calcul, car il est sorti du ministère sans avoir augmenté sa fortune. Peu éloquent, avec un organe ingrat, une figure commune, il se faisait écouter avec intérêt; sa parole pleine de bon sens jetait de vives lumières dans les discussions, et sans descendre jamais à la trivialité, elle manquait d'élévation. Le second, au contraire, le front haut, la tête fière, l'œil brillant et profond, le geste noble, l'attitude grave, l'organe flatteur, parlant avec enthousiasme de tout ce qui peut caresser l'orgueil national, fuyant les mesquines discussions, entraînait avec lui ses auditeurs; il considérait le pouvoir avec un certain dédain, ce qu'il donne en fortune et en honneur était au-dessous de lui, et c'est là peut-être plus encore que dans de fortes convictions qu'il faut chercher la cause de sa facilité à l'abandonner. La nature des talents de M. de Villèle le renfermait dans un cercle étroit et ne lui permettait ni la soudaineté des décisions, ni l'ampleur des grandes entreprises et des vastes conceptions; il se heurtait sans cesse contre le génie brillant et l'esprit chevaleresque de Chateaubriand. Tandis que le rôle de celui-ci s'agrandissait, le rôle de celui-là perdait de son importance. Ces deux hommes si dissemblables et sans affinité se complétaient cependant l'un par l'autre, et leur union intime aurait peut-être eu les plus heureux résultats pour la maison de Bourbon.

Peu de jours après l'installation du nouveau ministère, Chateaubriand partit pour prendre possession de son poste. Vingt-deux ans auparavant il avait quitté l'Angleterre, pauvre, cachant l'obscurité de son nom sous un nom plus obscur encore. Il y rentrait comblé d'honneurs, avec tout le bruit de la fortune et une réputation à laquelle l'éclat de sa dignité n'ajoutait aucun lustre.

Les troubles dont l'Italie avait été le théâtre étaient apaisés, mais la révolution triomphait en Espagne. Les cortès s'étaient emparés du pouvoir, et la monarchie semblait devoir bientôt succomber autant par l'incapacité de Ferdinand VII, « *ce roi qui semblait n'être sur le trône que par une méprise de la Providence* » que par la force et la violence du parti progressiste. Les colonies espagnoles avaient secoué le joug de la mère patrie et menaçaient de se constituer en république. C'était donc sur la situation de l'Espagne que se concentraient les inquiétudes de la diplomatie, les regards des souverains et des peuples de l'Europe et les espérances de la Révolution.

L'Angleterre seule voyait d'un œil tranquille cette agitation révolutionnaire. Le sort de Ferdinand VII ne lui inspirait aucune espèce d'intérêt, la liberté des colonies espagnoles lui promettait des débouchés pour son commerce, et, par conséquent, le mouvement de ce côté ne pouvait que lui plaire.

Le gouvernement français était bien loin de partager cette tranquillité; il voyait avec une inquiétude extrême un prince de la maison de Bourbon, prisonnier entre les mains de ses sujets, et craignait pour lui le sort de l'infortuné Louis XVI. Il redoutait pour sa propre sécurité la force que cette révolution donnait aux libéraux et aux Bonapartistes. Les sociétés secrètes, si bien constituées alors, avaient des intelligences en Espagne et recevaient des sociétés correspondantes de ce pays de fâcheux encouragements. L'Europe continentale, moins intéressée que la France, suivait cependant avec une vive inquiétude les différentes phases de cette révolution, et n'en prévoyait pas sans effroi les résultats.

La révolution d'Espagne fut donc la principale affaire dont eu à s'occuper Chateaubriand pendant son séjour en Angleterre. Il a donné ainsi le bilan de ses travaux : « j'ai poussé par mes dépêches à la guerre d'Espagne et j'ai écrit deux volumes de mes mémoires. »

Les grandes puissances étaient tombées d'accord sur la nécessité d'un congrès, pour s'occuper des affaires générales de l'Europe, et surtout de celles de l'Espagne; la ville de Vérone avait été choisie pour le lieu de la réunion.

Ces sortes d'assemblées avaient alors un grand éclat. Chateaubriand désirant y représenter la France, pria madame la duchesse de Duras de recommander ses intérêts à M. de Villèle, qui n'était pas encore président du conseil, mais qui en avait toute l'influence. Madame Récamier se chargea d'en parler à M. de Montmorency; M. de Marcellus, premier secrétaire d'ambassade, fut envoyé à Paris pour plaider la cause de son chef; le ministre des affaires étrangères ne se montra pas très-favorable à cette demande, mais M. de Villèle l'appuya volontiers. Chateaubriand lui paraissait avoir adopté plus fidèlement sa politique que M. de Montmorency, dont le zèle avait besoin d'être contenu. Le conseil des ministres ayant décidé que le ministre des affaires étrangères lui-même représenterait les intérêts de la France et serait accompagné par les ambassadeurs du roi près les principales cours de l'Europe, Chateaubriand fut prévenu de cette décision par un billet de M. de Villèle; il était en outre autorisé à quitter son poste dès qu'il aurait pu prendre congé de S. M. Britannique. Vers la fin de septembre, il s'éloignait de l'Angleterre pour la seconde fois.

La politique des trois hommes dont l'influence dominait le gouvernement Français n'était pas absolument la même sur la question d'Espagne, mais elle devait concourir au même but; M. de Villèle par des raisons de budget et d'économie voulait la paix : la guerre était une extrémité qu'il lui paraissait désirable d'éviter; M. de Montmorency cherchait dans la guerre d'Espagne une satisfaction aux intérêts monarchiques dont il s'était fait le défenseur exclusif; Chateaubriand y voyait non pas la cause Espagnole, mais l'occasion de donner une armée aux Bourbons et d'affermir sa fidélité au drapeau, il pensait qu'atteindre la révolution dans son foyer le plus ardent, dans le pays où elle triomphait, c'était la vaincre partout, et comme c'était surtout l'intérêt Français qui lui mettait les armes à la main, il voulait que la guerre fut faite par la France avec ou sans le consentement des grandes puissances, ce qui n'excluait pas toutefois d'une manière absolue leur concours, mais ce qui témoignait de la résolution de s'en passer, s'il était refusé.

M. de Montmorency et Chateaubriand voulaient donc également la guerre, mais le premier y voyait l'intérêt Européen, et le second y voyait exclusivement un intérêt français.

Les personnages chargés de représenter la France au congrès de

Vérone étaient avec M. le vicomte Mathieu de Montmorency, ministre des affaires étrangères, MM. de Chateaubriant, de Caraman, de la Ferronnays et de Reyneval, pour les missions de Londres, Vienne, Saint-Pétersbourg et Berlin.

Chateaubriand arrivait au congrès avec l'idée bien arrêtée de faire la guerre, c'était selon lui, un premier pas dans la voie des réparations que l'Europe nous devait. Expiation de nos victoires, abus de la force imposée à la faiblesse, chaînes dont la France a déjà jeté quelques anneaux brisés à la face de ceux qui furent ses oppresseurs. Les traités de 1815 avaient profondément humilié le sentiment patriotique des Français et l'esprit de parti plus habile dans ses haines que juste dans ses appréciations, en faisait remonter la responsabilité jusqu'aux Bourbons, coupables seulement d'en avoir recueilli les bénéfices. Chateaubriand avec sa pénétration habituelle, avec ses instincts des entraînements populaires, comprenait que déchirer les traités c'était procurer à la France une immense satisfaction, c'était prouver qu'il n'y avait rien de commun entre les princes légitimes et les hontes de la patrie, c'était les entourer d'une popularité qu'ils n'avaient pas, c'était donner enfin au gouvernement des Bourbons une gloire et une force qui lui manquaient. Mais pour atteindre ce but, il fallait une armée, et l'armée regrettait les jours glorieux de l'empire et son drapeau aux trois couleurs ; elle n'était à personne. La guerre seule, en lui rendant les joies de la victoire, pouvait lui faire aimer l'étendard aux fleurs de lys et l'attacher aux prince de la maison de Bourbon. La guerre d'Espagne était une heureuse occasion d'obtenir toutes ces choses.

La situation du royaume était pleine de périls pour le gouvernement Français, les hommes les plus avancés du parti libéral, conspirateurs à divers titres, fuyant les poursuites dont ils étaient l'objet, s'étaient réfugiés de l'autre côté des Pyrénées; ils soufflaient leur haine et leurs désirs de vengeance aux cortès et aux libéraux d'Espagne qui partageaient leurs passions. Cette influence qui s'exerçait contre lui, blessait particulièrement le gouvernement Français, et l'attitude des réfugiés, chaque jour plus menaçante, devenait un sujet de plus vives inquiétudes. Le corps d'armée réuni sur notre frontière du sud-ouest avec le titre de cordon sanitaire, avait pris la dénomination de corps d'observation; une rupture était imminente entre les deux peuples. D'autres motifs encore, au point de vue de Chateaubriand, légitimaient notre intervention; le premier de tous, c'est que l'Espagne depuis la guerre de l'indépendance et sa lutte formidable contre le despotisme de Napoléon, avait cessé d'être liée à la France. L'Angleterre avait conquis dans ce pays une si grande influence, soit par le secours qu'elle lui avait donné en 1809, soit en y introduisant la constitution Britannique, que nous ne pouvions plus compter sur l'Espagne. Nos frontières étaient à découvert de ce côté. L'occasion paraissait donc bonne pour une intervention en faveur du principe monarchique et pour renouer des liens formés jadis au prix de guerres longues et cruelles. Quand Louis XIV avait dit à son petit fils : « allez, mon fils, il n'y a plus de Pyrénées » il avait inauguré une grande et sage politique; un célèbre ministre, le duc de Choiseul, l'avait continuée en négociant le traité de 1761 connu sous le nom de pacte de famille et ce n'était pas au ministre de Louis XVIII à oublier de si honorables traditions. La France pour être forte sur le Rhin, a besoin d'avoir de solides alliances au midi; la cause irrécusable de nos malheurs a été la nécessité de faire face à des ennemis qui nous attaquaient de tous côtés à la fois.

Avant de s'occuper de l'Espagne, le congrès se livra à l'examen de diverses affaires moins importantes et que nous faisons connaître, parce que Chateaubriand y joua un rôle qui fut remarqué et qui le plaça haut dans l'opinion des hommes d'Etat réunis à Vérone. La première discussion fut relative à la traite des noirs, un mémoire sur cet objet fut remis dès les premiers jours de la réunion par le duc de Wellington, plénipotentiaire du gouvernement britannique, qui attachait une très-grande importance à la répression de ce honteux trafic. Chateaubriand fut chargé de rédiger la réponse des plénipotentiaires français; son mémoire commence à établir que toutes les nations civilisées, le Portugal excepté, prohibent la traite des noirs, et que ce crime est doublement condamné par la nature et par la loi, puis il ajoute : « Si cette détestable industrie est surtout exercée, comme le prétend le gouvernement anglais, sous pavillon français, la France l'ignore... l'abolition

de la traite n'a pas d'ailleurs été prononcée par une loi nationale discutée à la tribune, elle est le résultat de l'article d'un traité par lequel
la France a expié ses victoires; par la seule raison qu'on l'a crue imposée, elle a été frappée de cette impopularité qui s'attache aux actes
de la force; la pénalité n'est pas de la compétence d'une réunion politique; quand au droit de visite et à la confiscation proposés par le gouvernement britannique, la charte abolit la confiscation; et si le gouvernement français pouvait jamais consentir au droit de visite, il aurait les
suites les plus funestes. La France reconnaît la liberté des mers pour
tous les pavillons étrangers, à quelque puissance légitime qu'ils appar-
tiennent; elle ne réclame pour elle que l'indépendance qu'elle respecte
dans les autres et qui convient à sa dignité. »

Ce langage si fier, si bien placé sous la plume d'un représentant de la
France, fait honneur à Chateaubriand, et l'on nous pardonnera d'avoir
cité quelques phrases détachées de ce mémoire, riches lambeaux d'une
magnifique étoffe!

Les Grecs, las de peupler de leurs femmes et de leurs filles, les ha-
rems des Pachas, avaient pris les armes contre leurs oppresseurs; le
joug honteux de l'Islamisme, leur était devenu insupportable; dans
une lutte désespérée, ils essayaient de se séparer de l'empire Ottoman,
et avaient proclamé leur indépendance. Leur sang coulait à grands flots
sous le cimeterre impitoyable de Méhémet-Ali, mais leur courage, leur
enthousiasme, leur foi suppléaient au nombre et leur patriotisme s'appuyant sur tout ce que la religion a de plus élevé, enfantait des héros :
ils faisaient l'admiration du monde. La Russie éprouvait une grande
sympathie pour ses co-religionnaires et les catholiques eux-mêmes, malgré le schisme qui les sépare des Grecs, se souvenaient seulement qu'ils
étaient chrétiens et faisaient des vœux ardents en leur faveur. Les gouvernements de l'Europe avaient le désir de mettre un terme à cette
guerre civile et de reconstituer la Grèce; la question sous laquelle se
cachait la question d'Orient fut soumise au Congrès, elle eut pour
principal défenseur Chateaubriand, qui avait déjà embrassé avec ardeur la défense de cette noble cause; dans son voyage en Morée il avait
vu les souffrances de ce peuple malheureux; il avait vu les exactions

sans nombre des pachas et leur stupide cruauté : un profond sentiment
de pitié avait alors embrasé son cœur, et la liberté de la Grèce était
devenue une de ses plus chères espérances. Mais de graves préoccupations firent ajourner à des temps meilleurs une intervention reconnue
nécessaire, et qui intéressait moins encore la politique que l'humanité.

La révolution d'Espagne, les dangers qu'elle faisait courir à la paix
de l'Europe et à la tranquillité de la France ont tenu la première place
dans les délibérations de l'illustre assemblée; cette affaire dominait toutes les autres, et le congrès avait pour mission spéciale de s'en occuper.

Dès les premiers jours, trois questions furent posées par M. le vicomte Mathieu de Montmorency au nom de la France, relativement à
nos discussions avec l'Espagne dans une note que l'on a appelée communication verbale. Elles avaient pour objet de connaître :

1° Si, dans le cas où la France se croirait obligée de retirer son ambassadeur de Madrid, les hautes parties contractantes prendraient une
semblable mesure ;

2° Si la guerre éclatait entre la France et l'Espagne, par quels actes
les grandes puissances prêteraient un appui moral à la France ;

3° Si enfin, en cas de nécessité, la France pourrait compter sur un
secours matériel.

La Prusse, l'Autriche et la Russie furent unanimes pour déclarer que
si la conduite du gouvernement espagnol à l'égard de la France était
de nature à forcer cette puissance à rompre ses relations diplomatiques
avec l'Espagne, elles n'hésiteraient pas à en faire autant. La Prusse fut
plus réservée sur la question de la guerre, l'Autriche ajourna sa réponse à un nouveau traité; la Russie seule s'engagea à fournir un secours effectif; et l'Angleterre, qui avait déjà reconnu l'indépendance des
colonies espagnoles, qui négociait secrètement un traité de commerce
avec l'Espagne, refusa tout, même d'adresser au gouvernement espagnol une communication au sujet des relations de ce gouvernement avec

la France et formulant un blâme. L'Angleterre se séparait ainsi de ses alliés, et le duc de Wellington poussa si loin la crainte de s'engager qu'il refusa de signer le protocole.

Ce fut bientôt après avoir reçu ces diverses réponses que M. le vicomte de Montmorency quitta Vérone, pour retourner à Paris reprendre la direction de son ministère.

Ce départ mit la personne de Chateaubriand en relief, quoiqu'il ne fût pas premier plénipotentiaire et que les relations officielles ne lui appartinssent pas. Ses rapports avec les souverains et avec leurs ministres devinrent plus fréquents et plus intimes : sa correspondance avec M. de Villèle en fournit de nombreuses preuves; elle révèle entre ces deux hommes d'État une grande affection réciproque, une entente très-cordiale; les raisons de la guerre y sont exposées et discutées avec une rare habileté, un tact remarquable : M. de Villèle penchant pour un arrangement amiable, Chateaubriand très-disposé à la guerre.

Pendant les derniers jours de son séjour à Vienne, il vit plusieurs fois l'empereur de Russie. Alexandre avait paru avoir, dans les premiers temps, quelque éloignement pour sa personne ; mais l'esprit séduisant de l'ambassadeur, la profondeur de ses vues, l'honnêteté de ses moyens le charmèrent bientôt, et il conçut pour les talents, les principes, le caractère de l'illustre écrivain une estime qui ne s'est jamais démentie. Chateaubriand put aborder librement toutes les questions et fut toujours écouté avec bienveillance. La guerre d'Espagne fut le sujet habituel de ces entretiens. Chateaubriand désirait d'autant plus engager la Russie dans notre politique, que la jalousie et le mauvais vouloir de l'Angleterre pouvaient nous créer de sérieux obstacles, et, dans ce cas, il eût été important d'opposer Alexandre au gouvernement britannique. L'empereur entra résolûment dans la voie qui lui était ouverte et dit : « Mon épée est à la disposition de la France. » Chateaubriand, éludant une réponse directe, une acceptation définitive, répliqua : « Sire, je pense que la France doit le plus vite possible remonter par elle-même au rang dont l'a fait descendre le traité de Vienne. Quand elle aura repris sa dignité, elle deviendra une alliée plus utile et plus honorable pour Votre Majesté. »

Le plénipotentiaire français eut aussi plusieurs conférences avec le prince de Metternich, mais la confiance ne put s'établir entre eux d'une manière aussi complète. Le célèbre ministre autrichien n'aimait sans doute les révolutions nulle part, mais il craignait l'influence de la France, et voyait d'un œil jaloux tout ce qui pouvait lui être favorable.

Cependant, à son arrivée à Paris, le ministre des affaires étrangères soumit au conseil la note qu'il désirait envoyer au gouvernement espagnol par l'intermédiaire de notre ambassadeur à Madrid. Cette note souleva quelques objections; M. de Villèle présenta une autre rédaction qui fut adoptée : pour toute réponse, M. de Montmorency envoya sa démission. La grande situation de Chateaubriand semblait le désigner pour le poste important que la retraite de M. de Montmorency laissait vacant, et ce fut en effet vers lui que M. de Villèle tourna les yeux. Il s'empressa de lui offrir le ministère, peut-être en reconnaissance des services rendus, mais certainement parce qu'il espérait le trouver moins impatient et surtout plus accommodant que l'ancien ministre. Chateaubriand, tout en protestant de son dévouement et de son affection pour le principal ministre, déclina l'honneur qu'on voulait lui faire. M. le comte d'Artois lui envoya inutilement le prince de Polignac pour l'engager à accepter; enfin le roi le fit appeler et lui dit : « Acceptez, je vous l'ordonne. » Une plus longue résistance était impossible, et, le 1ᵉʳ janvier 1823, il prit possession du ministère des affaires étrangères.

Quel était alors l'état de l'Espagne? la guerre civile dans les rues de Madrid et dans presque toutes les provinces, l'anarchie constituée, les propriétés envahies, les prêtres déportés, les citoyens exilés, les clubs prêchant le massacre et la terreur, les sociétés secrètes corrompant tout, les colonies perdues, la marine détruite, la dette nationale grossie par d'effrayants emprunts, l'héritier du trône mis en accusation, le roi captif. Ajoutez à cet effrayant tableau deux armées en présence : l'une au nom de la religion, l'autre au nom de la liberté, portant partout le pillage, l'incendie et la mort. Tout cela sans doute n'eût pas suffi pour

légitimer notre intervention. Mais les mauvaises passions qui s'agitaient
en liberté avaient des échos en France; les sociétés secrètes des deux
pays en rapports constants se prêtaient un mutuel appui; elles pre-
naient en France des proportions dangereuses, elles avaient des représentants partout : dans l'armée, dans le commerce, dans les hautes
classes, comme dans le peuple et jusque dans les chambres.

Nos rapports avec les puissances étrangères n'étaient pas sur un pied
d'égalité réciproque et, comme au lendemain de nos défaites, nous étions
isolés au milieu de l'Europe, qui semblait vouloir nous tenir en tutelle.
Le gouvernement de Louis XVIII paraissait aussi impuissant contre les
ennemis du dehors que contre ceux du dedans. Les rois et les peuples,
les yeux tournés vers la France, doutaient de sa puissance; le péril
était partout: avancer, c'était peut-être courir au-devant d'une défaite;
reculer, c'était avouer sa faiblesse; l'un était aussi dangereux que
l'autre. Mais, placé entre la honte et l'honneur, l'hésitation était impossible, il fallait attaquer la Révolution dans son foyer le plus ardent,
c'est-à-dire en Espagne. La victoire était la seule chance de salut; et si
l'armée, manquant à son mandat, n'obéissait pas, les Bourbons devaient
succomber dans une lutte suprême et mourir comme les Français savent
mourir, enveloppés dans leur drapeau.

Telle était la situation au moment où Chateaubriand prit la direction
des affaires étrangères; il eut le rare mérite de l'envisager de sang-froid,
de l'apprécier sans faiblesse, sans illusions, et de persister habilement
dans ses projets. Le premier acte de son ministère fut le rappel de
M. de La Garde, ambassadeur du roi à Madrid; ce n'était pas encore la
guerre, mais la guerre pouvait sortir de là, et il fallait s'y préparer. De
concert avec le ministre de la guerre, il choisit les différents chefs de l'armée assemblée aux pieds des Pyrénées, parmi les militaires qui avaient
servi avec le plus de distinction sous l'Empire, pourvu que leurs noms
n'eussent pas été compromis dans la guerre de 1809. L'événement a
prouvé combien ces choix furent judicieux, et la confiance qu'il avait mise
dans ces officiers ne fut pas ébranlée par l'affaire des cocardes tricolores,
qu'il considéra comme une manœuvre maladroite de la police, ou comme
une tentative désespérée des sociétés secrètes. Le prince généralissime

lui-même ne voulut pas se séparer des hommes que l'on avait essayé de compromettre, et les craintes manifestées par M. de Villèle et la plupart de ses collègues s'évanouirent devant l'évidence des faits et la fermeté de Chateaubriand.

Dans le discours d'ouverture de la session de 1823, le roi annonça que 100,000 Français, sous les ordres d'un prince de sa famille, étaient prêts à marcher pour assurer le trône d'Espagne à un petit-fils de Henri IV.

A cette nouvelle, l'opposition s'émeut; la presse, dans une ardente polémique, s'attache à démontrer les dangers de la guerre; elle évoque les funestes souvenirs de 1809 et s'efforce, par tous les moyens, de frapper d'impopularité cette grande mesure; l'esprit de parti domine la question, aveugle les intelligences, et l'intérêt, l'honneur de la France sont oubliés ou mal compris. En Angleterre, il y a comme un frémissement de colère; les journaux, les clubs, les citoyens de toutes les classes poussent des cris de haine; les hommes d'État eux-mêmes, entraînés par le mouvement, partageant presque tous cette effervescence, s'emportent en menaces contre la France; de tous les ministres, celui qui est le moins épargné, c'est Chateaubriand, que l'on suppose avec raison avoir eu l'influence la plus décisive sur les résolutions du gouvernement français; on ne lui épargne ni les reproches, ni les sarcasmes, ni les injures; avec un admirable instinct de ses intérêts, le peuple anglais comprenait que la guerre lui enlevait une alliée d'autant plus utile qu'elle tenait une des clefs de la France; que la guerre, au contraire, nous rendant notre ancienne prépondérance, devait amener la reconstitution du pacte de famille: deux résultats immenses pour notre situation en Europe.

La discussion de l'adresse en réponse au discours du trône fut vive dans les deux chambres, surtout à la chambre des députés. Chateaubriand n'y prit qu'une faible part; elle fut soutenue en grande partie par le président du conseil; la discussion fut ouverte de nouveau sur l'affaire d'Espagne, le 21 février, à l'occasion d'un crédit supplémentaire de 100 millions demandé pour les frais de la guerre, et à la chambre des députés, tous les orateurs de l'opposition montèrent à la tribune, et

Chateaubriand prit pour la première fois la parole dans cette enceinte. Son discours, préparé avec soin, lu à quelques amis, annoncé à l'avance, produisit une vive sensation sur ceux qui l'entendirent; il eut un grand retentissement en France et même en Europe; il fut un des meilleurs succès oratoires de la Restauration. Nous voudrions le citer tout entier, mais l'espace nous manque; on nous pardonnera de n'en rappeler que quelques phrases : « Ferdinand, dit l'orateur excitant au plus haut degré l'attention de l'assemblée, n'est encore que prisonnier dans son palais, comme Louis XVI l'était dans le sien avant d'aller au Temple et de là à l'échafaud. Je ne veux pas calomnier les Espagnols, mais je ne puis les estimer mieux que mes compatriotes; la France révolutionnaire enfanta une Convention ; pourquoi l'Espagne ne produirait-elle pas la sienne? Messieurs, c'est déjà trop dans le monde que le procès de Charles Ier et celui de Louis XVI...... Encore un assassinat juridique, et l'on établira par l'autorité des précédents un corps de jurisprudence à l'usage des peuples contre les rois..... Ce roi, avec une généreuse confiance, a remis la garde du drapeau blanc à des capitaines qui ont fait triompher d'autres couleurs, ils lui rapprendront le chemin de la victoire, il n'a jamais oublié celui de l'honneur..... A ces mots, l'assemblée tout entière se leva en poussant une immense clameur. L'enthousiasme des uns, la colère des autres, produisirent une indescriptible confusion; la séance fut suspendue, et les orateurs qui vinrent ensuite furent à peine écoutés... Ce fut ce discours remarquable qui amena le lendemain à la tribune M. Manuel, député et orateur de la gauche. Malheureusement il se laissa entraîner à des appréciations qui, mal comprises par la chambre, soulevèrent l'indignation du parti royaliste et furent la cause de l'exclusion de ce député, l'un des incidents les plus extraordinaires de nos annales parlementaires. « C'était trop de violence pour peu de chose, dit Chateaubriand, l'homme de la liberté; M. Manuel de plus à la tribune ne m'aurait pas gêné davantage que la liberté de la presse... »

Dans la discussion de la même loi à la chambre des pairs, Chateaubriand prit encore la parole : il s'attache uniquement à répondre aux objections soulevées par tous les orateurs qui ont attaqué le projet de loi et qui l'ont précédé à la tribune. Il le fait avec un tel bonheur d'ex-

pressions, avec un tel bon sens, avec des arguments si puissants, avec
tant de force et d'éloquence que la haute chambre, après avoir voté
l'impression du discours, demande à aller immédiatement aux voix.

Cependant tout était prêt, il fallait prendre un parti ; l'armée était,
ainsi que nous l'avons déjà dit, rassemblée aux pieds des Pyrénées ; le
duc d'Angoulême, général en chef, était à son poste et, redoutant pour
ses soldats une oisiveté qui les laissait exposés aux tentatives d'embau-
chage des révolutionnaires, pressait le gouvernement ; Chateaubriand,
plein de confiance dans le succès, s'efforçait de décider M. de Villèle
et insistait vivement dans le Conseil. « Nous ne pouvons reculer, disait-il, sans déshonorer la cocarde blanche, et il montrait tous les inconvénients de l'irrésolution et les avantages d'une prompte décision...
Enfin le roi donna l'ordre d'entrer en Espagne.

Le 7 avril 1823, l'armée franchit la Bidassoa au lac de Béhobie, et,
dispersant quelques centaines de réfugiés français venus au-devant
d'elle en agitant le drapeau tricolore et en chantant la Marseillaise, elle
s'établit sur la rive gauche de la rivière. Dès ce moment, la question
était tranchée ; le premier coup de canon avait dissipé les illusions du
parti révolutionnaire ; les soldats de la France étaient fidèles au drapeau qu'ils avaient juré de suivre, l'armée était au roi !

Le rôle du ministre des affaires étrangères s'élève et s'agrandit de
toute l'importance de ce succès. Le premier pas est franchi, et il
s'agit maintenant de mener à bonne fin l'entreprise si heureusement
commencée, et nous verrons que Chateaubriand ne faillit pas à cette
tâche.

La question de la guerre d'Espagne revint à la chambre des pairs
à l'occasion de l'appel sous les drapeaux des jeunes soldats de la classe
de 1823 ; dans la séance du 30 avril, nous retrouvons le ministre des
affaires étrangères à la tribune. Après un magnifique parallèle entre
le gouvernement français et le gouvernement anglais, il ajoute : « On
a traité avec rigueur les ministres français... Je connais les ministres qui gouvernent aujourd'hui l'Angleterre ; ces personnages émi-

nents sont dignes de l'estime et de la considération dont ils jouissent...
J'ai été l'objet particulier des insultes, qu'importe ? Si vous trouvez,
messieurs, que je ne les ai méritées que pour avoir bien servi mon pays,
ne craignez pas que ma vanité blessée puisse me faire oublier ce que
je dois à ma patrie ; et quand il s'agira de maintenir la bonne harmonie
entre deux puissantes nations, je ne me souviendrai jamais d'avoir été
offensé..... » Et il termine en faisant ressortir les avantages déjà obte-
nus, et par un appel à la conciliation : « Que de tentatives faites sur
nos troupes!... on employait jusqu'au souvenir de la victoire pour
ébranler leur fidélité ! De là cette opinion fatale (que grâce à Dieu je n'ai
jamais partagée), de là, dis-je, cette opinion qu'il nous serait impossible
de réunir 10,000 hommes sans nous exposer à une révolution... On
ne nous parlait, on ne nous menaçait que de la cocarde tricolore ; l'on
affirmait qu'à l'apparition de ce signe, aucun soldat ne resterait sous le
drapeau blanc... Le coup de canon tiré à la Bidassoa a fait évanouir
bien des prestiges, a dissipé bien des fantômes, a renversé bien des
espérances ! Huit années de paix avaient moins affermi le trône légitime
sur ses bases que ne l'ont fait vingt jours de guerre .. L'Espagne dé-
livrée de la révolution, la France reprenant son rang en Europe et
retrouvant une armée, la légitimité acquérant la seule force qui lui
manquait encore, voilà, messieurs, ce qu'aura produit la guerre d'Espagne... Ces grandes considérations devraient faire cesser toutes les
divisions politiques. Nous devrions imiter ces vieux compagnons de
Conegliano, ces vétérans de l'armée de Condé, qui dorment aujourd'hui
sous la même tente et qui n'ont plus qu'un même drapeau ! »

Quand un homme politique s'élève à cette hauteur, quand il manifeste de tels sentiments, non-seulement les injures ne peuvent l'atteindre, mais il mérite les hommages et les respects de tous les
partis.

Ce discours eut un grand succès en France et même en Angleterre ;
le duc de Wellington disait : « Voilà comme parle un vrai gentilhomme. »
L'empereur de Russie écrivit de sa propre main une lettre de félicitations à l'éminent orateur. M. de Gentz, le patriote allemand, et le
prince de Metternich, qui voyait dans Chateaubriand plutôt un adver-

saire qu'un allié, le firent complimenter. Il est beau d'avoir l'approbation de ses amis, il est plus beau d'obtenir l'admiration de ses
ennemis.

L'Angleterre continuait à témoigner un mauvais vouloir extrême.
Son mécontentement se montrait dans les journaux, dans les communications diplomatiques et dans les discours de ses ministres; elle n'avait
pas voulu toutefois, ou peut-être pas osé donner à l'armée constitutionnelle des Cortès la protection du pavillon britannique. Chateaubriand
vint à bout de calmer cette effervescence passionnée, de contenir le
gouvernement et de l'empêcher de recourir à des mesures qui auraient
amené de graves complications; il caresse et flatte la Prusse, il rassure
l'Allemagne et l'Autriche inquiètes de l'influence que va donner à la
France le succès de cette guerre; il encourage les bonnes dispositions
de la Russie, prête à jeter son épée dans la balance, si d'autres puissances prennent parti contre nous, et notre alliance avec la grande nation du Nord devient chaque jour plus intime!

La guerre était bien conduite par le duc d'Angoulême, mais la direction politique avait une grande importance et elle présentait de
graves difficultés. Le prince était peu disposé à suivre les conseils du
ministre des affaires étrangères; il n'avait aucune sympathie pour sa
personne, et correspondait directement avec le président du conseil;
l'état-major général avait une tendance à s'affranchir de tout con-
trôle et était fort porté à résister aux ordres de Paris. L'étrange
réunion d'hommes qu'on appelait l'armée de la foi, et dont les exactions
et l'indiscipline faisaient gémir tous les honnêtes gens, ne pouvait être
dirigée par personne, et elle se récriait contre les conseils qui avaient
pour but de l'empêcher de se jeter dans la voie des réactions et des
sanglantes répressions.

Ce fut pour mettre un terme à ces violences que le duc d'Angoulême, dans un esprit de justice et d'humanité, rendit l'ordonnance du
8 août 1823, connue sous le nom d'ordonnance d'Andujar, dont la publication fut saluée par les louanges de toute la France. Cet acte défendait
aux autorités espagnoles de faire aucune arrestation sans l'autorisation

du commandant des troupes françaises dans chaque localité, et pres-
crivait à ce dernier de rendre à la liberté tout individu arbitrairement
arrêté. A peine cette ordonnance est-elle connue qu'elle soulève une formidable opposition ; la régence, la junte royale, les juntes provin-
ciales, la repoussent comme une atteinte portée à leur autorité ; la populace, aveugle et fanatique, déchire les exemplaires qui sont affichés
aux cris de : Vive le roi absolu! Vive l'inquisition! Meurent les constitutionnels ! L'armée royale envoie à la régence une adresse signée par
tous les chefs de corps et par un officier de chaque grade, au nom de
tous, pour protester énergiquement. « Que l'Espagne, disent-ils, soit
couverte des cadavres de ses enfants, plutôt que de vivre avilis par le
déshonneur et de subir le joug de l'étranger.

L'étranger, c'était nous, leurs libérateurs.

Chateaubriand, inquiet de ces manifestations et de l'attitude menaçante des royalistes, craignant de voir les partis se réunir contre nous
dans un même sentiment de haine, ne voulant pas, par une obstination intempestive, compromettre le sort de l'expédition et en changer
le caractère, engagea, au nom du ministère, le duc d'Angoulême à
publier une espèce de rétractation. L'ordonnance d'Andujar, dix-huit
jours après sa date, fut virtuellement retirée sans jamais avoir reçu
d'exécution. Chateaubriand n'a pas blâmé, comme on le lui a reproché,
l'ordonnance en elle-même, mais il l'a jugée inopportune et dangereuse.

La fierté du caractère espagnol commandait de grands ménagements ;
c'était beaucoup que d'empêcher la réaction de se produire sous nos
yeux avec cet instinct de haine et de férocité que l'on a remarqué
dans toutes les révolutions dont ce malheureux pays a été le théâtre ;
le gouvernement français le fit dans une certaine mesure ; nous croyons
qu'il n'était pas possible d'aller au delà.

On a reproché encore à Chateaubriand de n'avoir pas insisté, avant
de remettre le pouvoir entre les mains de Ferdinand VII, pour obtenir
des garanties contre le retour des crimes qui avaient précédé notre
arrivée, et dont le départ de notre armée devint le signal ; mais le pre-

mier devoir de la France était de respecter l'indépendance du roi qu'elle venait de replacer sur le trône, et la mauvaise foi de Ferdinand a rendu vains tous les conseils et tous les engagements. L'on se souvient que les prince généralissime, au nom du gouvernement, écrivit à Ferdinand rendu à la liberté pour le supplier d'octroyer une amnistie nécessaire après tant de troubles, et de donner à ses peuples, par la convocation des anciennes cortès, les garanties d'ordre, de justice et de bonne administration ; la lettre du prince n'eut pas l'honneur d'une réponse. L'amnistie accordée par ce roi, à la demande de l'ambassadeur français, n'a été qu'un indigne mensonge pour saisir quelques victimes de plus, et n'a empêché ni un seul crime, ni une seule vengeance; la délation n'a pas cessé d'être à l'ordre du jour, l'accusation était la seule preuve du crime, et la suprême raison était l'exil et l'échafaud ! Quelles garanties demander à un tel peuple et à un tel gouvernement? Chateaubriand n'a pu que gémir de ces excès, et, dans sa douloureuse impuissance, en détourner les yeux ! Si l'Espagne n'a reçu de notre intervention ni un roi digne de ce nom, ni le gouvernement représentatif, ni la liberté, convenons au moins que les Bourbons y ont trouvé de grands avantages, et que l'intérêt français a été bien servi.

L'œuvre de Chateaubriand se résume donc ainsi : à la suite d'une guerre qui ne fut pas sans gloire, la couronne d'Espagne a été replacée sur la tête d'un prince de la maison de Bourbon, du roi légitime. Notre alliance avec cette nation a été si fortement cimentée que, depuis quarante ans, elle n'a pas cessé de subsister à travers tous les événements qui ont changé ou modifié la situation des deux peuples. Louis XVIII eut une armée fidèle et inébranlable en face de l'ennemi; la France fut relevée de son abaissement et reprit sa place dans le monde; les passions politiques s'apaisèrent; les sociétés secrètes furent réduites à l'impuissance; l'opposition, renfermée dans les formes légales, parut accepter de bonne foi les Bourbons avec la charte, la liberté et le gouvernement représentatif.

Ces succès élevèrent bien haut la situation politique de Chateaubriand; les souverains étrangers lui envoyèrent leurs félicitations et s'empressèrent de le décorer de leurs ordres les plus brillants et les plus enviés;

leurs ministres devinrent en quelque sorte les courtisans de sa grandeur. Le roi et la famille royale, éblouis par la gloire que venait d'acquérir M. le duc d'Angoulême, ne virent pas assez ce que le ministre des affaires étrangères avait fait; ils ne furent pas assez soigneux de reconnaître ses services et de ménager son amour-propre. Les ministres parurent surtout préoccupés des succès d'un rival habile; mais, en dehors de la cour et du gouvernement, on lui rendait une éclatante justice. Ce contraste ne devait pas échapper à l'esprit fier et susceptible de Chateaubriand. A lui les flatteries de la popularité, les caresses de tous les partis, les louanges de la presse, les ménagements des écrivains les plus opposés, qui affectaient de le séparer des autres ministres; les respects des royalistes et les égards de l'opposition; à lui encore les réceptions magnifiques; tout ce qu'il y avait à Paris de grand et d'illustre se donnait rendez-vous chez le ministre des affaires étrangères... Mais malheureusement il ne sut peut-être pas assez résister à ces entraînements; ses collègues furent humiliés par cette incomparable fortune, et, sous la politesse de ses manières, sous l'obligeance de ses propos, ils sentirent le poids de sa supériorité... L'accord entre lui et les autres membres du cabinet ne devait pas désormais durer longtemps; la distance qui les séparait était trop grande.

Toutefois les soins divers qu'exige une semblable situation ne l'empêchaient pas de travailler beaucoup. Sa correspondance est presque tout entière écrite de sa main; aucune dépêche de quelque importance n'est confiée au zèle d'un chef de bureau. Ses lettres sont si remarquablement écrites que M. Canning recommandait aux employés de son ministère de soigner plus particulièrement leur style en répondant au ministre français. Il reçoit à son hôtel, tous les jours et à toute heure, ceux qui ont à l'entretenir d'affaires. Vis-à-vis de ses collègues, ses manières ne paraissent pas avoir changé; au conseil, il ne prend presque jamais la parole et laisse la discussion s'établir librement entre les autres ministres; il n'a aucune des susceptibilités des hommes vulgaires; il ne prête jamais l'oreille aux mauvais propos et ne se mêle à aucune de ces intrigues qui rendent la vie ministérielle si difficile, mais il ne daigne soumettre à personne les affaires de son ministère; il les dirige seul sans subir la direction politique du président du conseil. Cependant, au milieu de ces grandeurs pour lesquelles il affecte tant de dédain, le dégoût et le doute l'obsèdent; pour fuir l'ennui qui le tourmente et qui a été le mal incurable de toute sa vie, il va, quand ses travaux le lui permettent, chercher le repos dans le calme de la campagne, respirer l'air pur au milieu des champs fleuris, et quêter un peu de bonheur dans un petit salon de l'Abbaye-aux-Bois. Là, loin du monde, dans la simplicité d'une médiocre fortune, vivait une femme entourée d'estime et de respect, adorée de ceux qui avaient l'honneur d'être admis près d'elle, belle encore comme aux jours de sa brillante jeunesse, ornée des qualités les plus douces du cœur et de l'esprit, ce qui charme et ce qui séduit... cette femme, dont le nom est désormais inséparable de celui de Chateaubriand, fut l'amour de sa vieillesse, et jusqu'au dernier jour, constante amie, elle a été la confidente des déceptions et la consolation des disgràces de l'illustre poëte.

Mais la politique nous rappelle et nous y revenons à regret, car nous entrons dans une des phases les plus pénibles de la vie de Chateaubriand.

M. de Villèle avait conçu le projet, heureusement accompli bien des années plus tard, de réduire l'intérêt de la rente, et ce fut l'occasion d'un premier dissentiment entre lui et Chateaubriand. Le ministre des affaires étrangères avait combattu la mesure dans le conseil ; à la chambre des pairs, il ne voulut pas soutenir de sa parole une loi qu'il croyait mauvaise, il garda le silence, mais vota avec la minorité; la loi fut rejetée à une grande majorité, aux applaudissements de l'opposition et de tous les bourgeois de Paris, seuls alors intéressés dans les questions de crédit public. M. de Villèle en ressentit un grand déplaisir; c'était un échec à ses plans financiers, à son influence politique et plus encore peut-être à son amour-propre. Il reprocha à son collègue de n'avoir pas fait tout ce qu'il aurait dû pour lui éviter cette défaite; le reproche n'était pas juste. Chateaubriand avait obéi aux impulsions de sa conscience, mais il n'avait jamais eu la pensée de se séparer de ses collègues, car lorsque le vote fut connu, il dit à M. de Villèle, lui donnant un nouveau témoignage de fidélité et de dévouement : « Si vous vous retirez, je pars; si vous restez, je reste. » La loi de la septennalité

fut discutée dans le même temps à la chambre des députés. Chateaubriand n'était pas partisan des renouvellements par cinquième ; il trouvait, non sans raison, qu'ils entretenaient dans le pays une agitation en
quelque sorte permanente ; il aurait désiré un renouvellement intégral
par cinq ans, c'est le système qui a prévalu depuis; mais le ministère,
en proposant le renouvellement intégral, avait adopté le terme de sept
ans ; il s'était volontiers rangé à l'avis de ses collègues. Pendant la discussion il demanda la parole pour soutenir le projet vivement attaqué
par l'opposition ; déjà il se dirigeait vers la tribune, quand M. de Corbière réclama la priorité et insista pour être entendu : la loi ressortis-
sant plus particulièrement de son ministère, il lui appartenait de la défendre, et son insistance parut toute naturelle à Chateaubriand, qui lui
céda volontiers son tour et se rassit, se promettant de prendre la parole à la plus prochaine séance fixée au lundi suivant, 7 juin 1824. Cet
incident avait ému quelques-uns des amis plus clairvoyants du ministre
des affaires étrangères ; ils n'étaient pas sans inquiétudes, mais ils ne
purent lui faire partager leurs craintes.

Le lendemain, 6 juin, c'était le dimanche de la Pentecôte, Chateaubriand sortit de bonne heure du ministère, se présenta pour faire sa
cour au comte d'Artois, ne fut pas reçu... Comme il devait y avoir conseil
ce jour-là, il ne voulut pas quitter les Tuileries et il se rendit à la chapelle
pour entendre la messe ; il y était à peine qu'un huissier le prévient
qu'on le demande ; il sort, et son secrétaire lui remet une lettre en disant :
« Monsieur n'est plus ministre. » La lettre était de M. de Villèle ; elle
était ainsi conçue : Monsieur le vicomte, j'obéis aux ordres du roi en
vous transmettant une ordonnance que Sa Majesté vient de rendre : »

L'ordonnance était jointe à la lettre, elle portait :

« Le sieur comte de Villèle, président de notre conseil des ministres,
ministre des finances, est chargé, par intérim, du ministère des affaires
étrangères, en remplacement du sieur vicomte de Chateaubriand. »

Une heure après, Chateaubriand avait quitté l'hôtel du ministère.

Le roi s'était peut-être séparé avec quelque plaisir d'un conseiller

trop fier pour être courtisan et trop sincère pour chercher à plaire aux
dépens de la vérité ; les princes et la cour ne virent pas sans une secrète
satisfaction s'éloigner ce ministre qui n'avait adopté ni leurs rancunes,
ni leurs préjugés. Les ministres, dans le premier moment, se réjouirent
de ne plus avoir à côté d'eux ce collègue si haut placé dans l'opinion
publique et dont les succès leur inspiraient un sentiment de basse jalousie ; ils ne comprirent pas que le départ de Chateaubriand leur enlevait toute influence dans le pays et l'appui des hommes les plus populaires du parti royaliste.

Quant à lui, il avait l'âme trop élevée pour s'affliger d'une disgrâce,
mais il avait trop de fierté pour pardonner un outrage. Il avait rendu à
la cause de la monarchie légitime d'éminents services ; il avait été à la
hauteur des plus grandes affaires ; il avait lutté avec succès contre deux
puissants ministres : M. Canning et le prince de Metternich ; il avait
fait la guerre d'Espagne contre le premier et malgré le second ; il avait
été fidèle à ses amitiés jusqu'à l'abnégation, il ne recueillait que l'ingratitude... et ce qui rendait le scandale de cette chute plus grand
encore, c'est que M. de Corbière, cet homme dont les honneurs n'a-
vaient pu cacher la vulgarité, en avait été le principal instigateur ; il
avait dit : « S'il entre par une porte, je sors par l'autre, » et M. de Corbière avait été préféré.

Rien ne manquait donc à la gloire de Chateaubriand, ni à l'outrage
qui lui était fait.

Quelques jours après, M. de Peyronnet, ministre de la justice, lui fit
expédier, sur une observation du roi, un nouveau brevet de ministre
d'État avec droit à la pension ; il refusa cette faveur. On assure que M. de
Villèle, comprenant, à l'émotion publique, la faute qu'il venait de com-
mettre, se repentit et offrit une ambassade : cette seconde faveur fut
refusée comme la première.

Chateaubriand, se séparant ainsi des hommes dont le gouvernement
subissait la mauvaise influence, ne voulut rien accepter d'eux ; la rupture fut complète. Il tombait d'ailleurs non pas seulement victime de

quelques intrigues de cour, mais devant un système contraire à celui qu'il croyait propre à sauver la monarchie et à faire le bonheur de la patrie, devant des idées en opposition avec ses idées, devant des projets dont sa seule présence eût rendu l'exécution impossible, et qui se développeront successivement jusqu'au jour où la France irritée prendra elle-même la défense de ses lois.

Dès que le départ de Chateaubriand fut connu, tout ce que Paris renfermait d'hommes distingués vint s'inscrire à sa porte. Jamais la foule n'avait été aussi compacte dans les meilleurs temps à l'hôtel du ministère des affaires étrangères, et depuis la disgrâce du duc de Choiseul, de ce ministre qui fut un jour regretté par le plus égoïste des rois, jamais ministre ne tomba de si haut et jamais chute n'eut de plus fatales conséquences.

Cette destitution eut un grand retentissement à l'étranger ; l'empereur de Russie lui-même exprima hautement sa désapprobation et manifesta l'intention d'en faire l'objet d'une note diplomatique au cabinet des Tuileries; mais M. le comte de Ferronnays, notre ambassadeur, l'en détourna. Une communication de cette nature, l'ingérence d'un souverain dans un acte intérieur de gouvernement paraissait à ce sage diplomate une atteinte portée à l'indépendance de la couronne.

« Je n'ai pas aimé mon portefeuille trois heures, dit quelque part Chateaubriand, je ne l'ai pas regretté un quart d'heure. Mon ressentiment, c'est une autre affaire. M. de Villèle, que j'aimais sincèrement, cordialement, a non-seulement manqué aux devoirs de l'amitié, aux marques publiques d'attachement que je lui ai données, aux sacrifices que j'avais faits pour lui, mais aux plus simples procédés. Le roi n'avait pas besoin de mes services, rien de plus naturel que de m'éloigner de ses conseils ; mais la manière est tout pour un galant homme; et comme je n'avais pas volé la montre du roi, je ne devais pas être chassé comme je l'ai été..... J'ai été hors de ma place sans aucune marque de souvenir comme si j'avais trahi le roi et la patrie! M. de Villèle a cru que j'accepterais ce traitement, il s'est trompé. »

Paroles pleines d'amertume; elles doivent avoir retenti souvent dans le cœur de M. de Villèle comme un remords; elles font peser sur lui une terrible responsabilité.

Le *Journal des Débats*, un des organes les plus importants de la presse, suivit Chateaubriand dans la voie où la disgrâce allait le conduire : « Quant à nous, disait-il en annonçant sa résolution à ses lecteurs, c'est avec un vif regret que nous rentrons dans la carrière des combats dont nous croyions être à jamais sorti par l'union des royalistes, mais l'honneur, la fidélité politique, le bien de la France ne nous ont pas permis d'hésiter sur le parti que nous avions à prendre... » Beaucoup d'autres du parti royaliste suivirent Chateaubriand, et les regrets de tous les hommes importants qui restèrent fidèles au drapeau ministériel l'accompagnèrent. Il fut accueilli par le parti libéral avec une immense acclamation. Son rôle était changé; il avait essayé d'apprendre aux royalistes à gouverner avec la charte et selon la charte; on ne lui avait pas laissé le temps d'achever son œuvre; il avait échoué. Il allait essayer de rendre l'opposition royaliste : réussira-t-il mieux ?

Résolu de poursuivre jusqu'au jour de leur chute les hommes qui lui avaient infligé un sanglant outrage en le chassant comme un indigne collègue, il commença immédiatement le combat. Ainsi qu'il avait fait naguère, à l'époque de la fondation du *Conservateur*, il appelle à lui des écrivains de talents divers et d'opinions politiques de nuances différentes, de jeunes hommes qui se préparaient par l'étude aux luttes du gouvernement représentatif; il leur montre le danger que courent les institutions et la nécessité de se réunir dans une même opposition; il les anime du souffle de son génie; il fait passer dans leur âme son désir de vengeance et surtout son amour de la liberté et son dévouement au trône constitutionnel; il leur fait voir leur succès et son triomphe dans la chute du ministère.

L'habileté du chef de cette phalange, composée d'abord d'un petit nombre d'adhérents, en fit promptement une armée redoutable qui devint peu après un grand parti national. Chateaubriand tenait d'une main ferme le drapeau de ce parti; il y avait inscrit son programme : le roi, la charte, la liberté. Ceux qui l'avaient autrefois reconnu pour chef devinrent ses ennemis, ses adversaires devinrent ses amis, ils n'avaient pas cessé d'être ses admirateurs; il trouva plus de justice chez ses ennemis que chez ses anciens amis; la lutte commencée fut poursuivie avec une incroyable ardeur de persévérance. « J'y entrai, a-t-il dit, seul, dépouillé et nu, et j'en suis sorti victorieux. »

Il cessa de fréquenter les salons ministériels, et même de se présenter aux réceptions des Tuileries; mais il recherchait toutes les occasions d'établir, aux yeux de tous, que son opposition s'adressait aux ministres et que son ressentiment ne remontait pas au delà. La sincérité de son dévouement ne pouvait pas être révoquée en doute; il voulait préserver la monarchie de tout danger, la sauver malgré elle. Ses sentiments autant que sa vengeance lui avaient mis les armes à la main.

Vers le milieu du mois de septembre 1824, Louis XVIII mourut. Le comte d'Artois, sans secousses, sans opposition, succéda à son frère et fut proclamé roi sous le nom de Charles X. A cette occasion, Chateaubriand publia son opuscule : *Le roi est mort, vive le roi !* On ne pouvait plus noblement et d'une manière plus éloquente faire appel à la nation en faveur du nouveau roi ! Cet appel fut entendu et il valut à Charles X une popularité qui malheureusement ne dura pas. Cet écrit, dont le succès fut comparable à celui de la brochure : *De Buonaparte et des Bourbons,* aurait pu être l'occasion d'un rapprochement, mais le roi, enfermé dans un cercle d'adulations et de mensonges, peu éclairé sur l'état de l'opinion publique, ennemi de tout ce qui ressemblait à une concession, dominé par un clergé puissant et ambitieux, conseillé par des ministres dont l'amour-propre était implacable, ne fit rien.....

Nous nous rappelons que l'avénement de Charles X au trône fut comme une Trêve-Dieu entre les partis ; tout le monde criait : Vive le roi ! Mais cette union de tous les esprits dans l'espérance fut de courte durée..... Le gouvernement persista dans son déplorable système ; les ministres conservèrent leurs portefeuilles; le silence remplaça les cris d'enthousiasme des premiers jours ; l'opposition et les journaux reprirent leur polémique vive et ardente.

Le *Journal des Débats*, qui, ainsi que nous l'avons dit, avait embrassé la cause du ministre disgrâcié, se fit remarquer dans cette lutte ; son opposition, d'abord calme et modérée, devint chaque jour plus animée, sans toutefois abandonner jamais le drapeau royaliste. Ce journal acquit promptement une influence considérable : sa rédaction forte, élégante, passionnée, lui assurait de nombreux lecteurs dans les classes élevées de la société, et l'on savait que Chateaubriand était non-seulement l'inspirateur habituel de sa polémique, mais qu'il lui prêtait souvent le secours de sa plume.

Au milieu des ardeurs de la lutte, Chateaubriand n'oubliait pas que si la charte était la sauvegarde de la liberté et de la monarchie, le roi en était la personnification la plus auguste.

A l'occasion de la fête du roi, Chateaubriand publia un article dans lequel, protestant de son attachement à la royauté, il s'efforçait d'écarter de tout débat la personne du roi, et de renfermer l'opposition dont il était le chef et l'âme dans les formes constitutionnelles. « Paix aujourd'hui aux ministres, » disait-il, et le lendemain la lutte recommençait vive, ardente, infatigable. Il disait aux ministres : « Prenez garde! en continuant de marcher comme vous marchez, toute la révolution pourrait se réduire, dans un temps donné, à une nouvelle édition de la Charte, dans laquelle on se contenterait de changer deux ou trois mots. » Plus frappé du danger des excès de la lutte, il aurait pu dire à l'opposition : Prenez garde ! la monarchie constitutionnelle suffit à toutes les aspirations des amis de la liberté, la légitimité est une garantie d'ordre et d'avenir ; il ne faut rien de plus, rien de moins.....

Charles X devait passer une revue de la garde nationale de Paris au Champ-de-Mars. Chateaubriand apprit que dans quelques compagnies on avait formé le complot de crier : A bas les ministres ! Dans une lettre pleine de mesure et de respectueux conseils, il prévient le roi, en lui indiquant le facile moyen de changer ces dispositions : c'est de modifier le ministère. « Les ministres, dit-il, ont perdu la majorité dans la chambre des pairs et dans la nation : la conséquence naturelle de cette position critique est leur retraite..... En mettant leur démission aux pieds de Votre Majesté, ils calmeront tout, ils finiront tout... Le roi pourra ensuite reprendre parmi eux ceux qu'il jugera à propos de con-

server : il y en a deux que l'opinion publique honore : M. le duc de
Doudeauville et M. le comte de Chabrol..... Les ministres sont mes
ennemis, je suis le leur; je leur pardonne comme chrétien, mais je ne leur
pardonnerai jamais comme homme : dans cette position, je n'aurais
jamais parlé au roi de leur retraite, s'il n'y allait du salut de la monarchie... » Cette lettre est restée sans réponse, le conseil qu'elle donnait
n'a pas été suivi; le cri de : A bas les ministres ! se fit entendre,
timide en présence du roi, formidable après la revue... La garde
nationale fut dissoute... Ce fut le premier pas de la famille des Bourbons vers un troisième et dernier exil !

Il embrassa avec ardeur la défense des Hellènes; il fit partie du comité
grec, dont les secours soutinrent seuls pendant longtemps cette noble
nation. Ce fut en qualité de membre de ce comité qu'il publia sa notice
sur la Grèce. Elle ne fut peut-être pas sans influence sur les résolutions des gouvernements de l'Europe en faveur de ce peuple, qui régé-
nérait son passé dans le sang des héros enfantés par l'amour de la
patrie. Dans cet appel à l'humanité, il s'attache à réfuter toutes les
objections; il se trouve encore en face du traité de Vienne, sanction
de toutes les iniquités et de toutes les spoliations. La légitimité du
Grand Turc se dresse aussi contre lui, comme si l'injustice et le meur-
tre pouvaient jamais être légitimes; comme si, entre le maître et l'es-
clave, il pouvait y avoir un droit; ces objections impies tombent sous
les coups de sa logique... Il termine en remerciant tous ceux qui ont
consacré leurs soins, leur argent, leur sang à cette noble cause, et il
s'écrie : « Cette reconnaissance du genre humain met le sceau à la
gloire de la Grèce. »

Il fait entendre ses protestations à l'Académie, à la chambre des
pairs, à l'occasion de la loi sur la répression des crimes commis dans
les échelles du Levant; il soutient la cause des Grecs dans deux discours consécutifs, et engage le gouvernement à prendre leur défense.
« Pairs de France, ministres du roi très-chrétien, dit-il, si nous ne pouvons pas, par nos armes, secourir la malheureuse Grèce, séparons-
nous du moins, par nos lois, des crimes qui s'y commettent; donnons
un noble exemple qui préparera peut-être en Europe les voies à une
politique plus élevée, plus humaine, plus conforme à la religion et

plus digne d'un siècle éclairé ; et c'est à vous, messieurs, c'est à la France que l'on devra cette noble initiative ! »

On sait que cette croisade, commencée au congrès de Vérone, continuée à travers des fortunes diverses, finit par triompher de l'égoïsme des gouvernements, et que la Grèce est devenue libre !

Il se tint éloigné, nous devons lui rendre cette justice, de toutes les controverses religieuses qui eurent alors un si grand retentissement ; il refusa de suivre M. de Montlosier dans sa lutte avec le clergé et dans sa dénonciation aux cours royales... Ami de la religion, il blâmait certainement les exagérations de zèle qui dénotaient des tendances contraires aux nécessités du temps ; il s'inquiétait du développement rapide que prenait l'ordre des Jésuites, mais il pensait que ces questions devaient être traitées avec une grande prudence, et qu'il était fâcheux de les livrer aux discussions passionnées de la presse et aux sarcasmes des hommes irréligieux.

Il ne lui suffisait pas de diriger dans les divers journaux une polémique dont il était l'inspirateur et le régulateur, il prenait souvent la parole à la chambre des pairs ; il s'éleva avec force contre la loi sur le sacrilége, loi impolitiquement demandée par le clergé, et qui ne fut jamais appliquée. La loi sur la police de la presse, présentée par M. de Peyronnet, avait soulevé une indignation plus vive et plus générale encore ; tous les orateurs de l'opposition à la chambre des députés l'avaient attaquée sans ménagement ; presque tous les journaux s'élevaient avec une extrême vivacité contre ces dispositions pénales et préventives ; l'Académie française elle-même s'était émue et avait fait appel au roi, son protecteur. Dans cette croisade, Chateaubriand tenait la tête de l'opposition ; il qualifiait la loi de vandale et se préparait à porter le dernier coup au projet ministériel, à la chambre des pairs, lorsque le garde des sceaux, craignant un échec, le retira le 7 avril 1827. Cette loi avait passionné l'esprit public d'une manière extraordinaire : à cette nouvelle, Paris fut spontanément illuminé, comme à l'annonce d'une des grandes victoires de nos armées ; d'immenses colonnes d'ouvriers parcouraient les boulevards en criant : Vive la liberté de la presse ! Vive la chambre des pairs ! Vive le roi ! L'op-

position s'étendait à toutes les classes de la société et descendait jusque
dans la rue ! Chateaubriand fut l'adversaire infatigable de toutes les
mesures violentes et inconstitutionnelles ; il ne cessa de réclamer contre
les journées de pairs destinées à changer la majorité de la chambre. En
voyant la persistance de la Restauration à marcher dans une mauvaise
voie et à écarter ses meilleurs amis pour ne pas entendre leurs conseils, il aurait pu répéter l'exclamation douloureuse de M. Michaud :
Pour quelle cause nous sommes-nous donc sacrifiés?

Le ministère, dans l'espoir de calmer l'effervescence qui prenait des
proportions inquiétantes, rétablit la censure sur les journaux ; c'était
enlever à l'opposition son plus puissant moyen d'action.

Chateaubriand et ses amis étaient persuadés que le pouvoir qui
parle toujours seul s'aveugle facilement, laisse vivre et grandir dans
l'ombre une puissance dont la force se révèle et se dresse un jour
devant lui, contre lui, quand, hélas ! il n'est plus temps de retourner
en arrière. Ils pensèrent donc, pour sauvegarder l'intérêt de leur opposition et celui de la dynastie, qu'il ne fallait abandonner l'opinion
publique ni à ses propres inspirations, ni à la direction d'une presse
vénale, aussi contraire à la liberté qu'à la royauté. C'est alors que
l'Illustre publiciste et ses amis jetèrent les fondements de la société
« Aide-toi, le ciel t'aidera. »

Cette association eut pour but de répandre avec les idées libérales
l'amour de l'ordre et de la royauté, et de suppléer au silence imposé
aux journaux de l'opposition. Elle prit un rapide développement et acquit une grande importance. Elle était dirigée dans des voies modérées
et sagement progressives ; la royauté constitutionnelle et la liberté de
la presse étaient les bases de sa polémique. Cette société eut une immense influence sur les élections qui décidèrent la retraite de M. de
Villèle et amenèrent au pouvoir M. de Martignac. Après ces succès,
Chateaubriand pensa que la société n'avait plus sa raison d'être, qu'elle
avait atteint le but en vue duquel elle avait été créée, et il en proposa
la dissolution. Cette proposition fut l'objet d'une vive et longue discus-

sion ; les opinions se divisèrent, et la société fut maintenue. Chateaubriand, suivi de ses amis, se retira ; mais malheureusement il laissa
la direction de la société aux hommes les plus ardents du parti libéral,
débris pour la plupart du vieux carbonarisme.

Qu'on nous permette d'achever ici l'histoire de cette société, à l'organisation de laquelle le nom de Chateaubriand est attaché.

L'action de la société fut presque nulle pendant la durée du ministère Martignac, soit que ceux qui en étaient devenus les directeurs
reconnussent qu'il n'y avait rien à faire, soit que leur activité fût
absorbée par un travail de réorganisation ; mais, sous le ministère Polignac, cette association, qui avait des représentants zélés et intelligents
dans tous les départements, dans toutes les villes, prit une large part
au mouvement de résistance qui se produisit alors : elle s'efforça de
pousser les choses à l'extrême et dépassa de beaucoup la ligne politique
de ses fondateurs, puis elle disparut, emportée par la tourmente de
la révolution de 1830, ou absorbée par des sociétés bien autrement
énergiques et dangereuses.

Dans tous les mouvements politiques, les hommes modérés qui les
commencent sont bientôt dépassés, et ce qui, dans leurs mains honnêtes,
est un instrument utile, devient un péril sous une impulsion plus ardente et moins scrupuleuse. Il est donc vrai, la société « Aide-toi, le
ciel t'aidera » n'a reçu de Chateaubriand que des inspirations généreuses et constitutionnelles : l'éminent écrivain ne s'est pas laissé
entraîner au delà de la ligne de conduite qui a toujours été la sienne.

On a souvent accusé Chateaubriand d'avoir, dans sa lutte avec M. de
Villèle, oublié ce qu'il devait à son roi et sacrifié la légitimité à son
ressentiment. Les détails dans lesquels nous venons d'entrer réfutent
victorieusement, selon nous, cette accusation. L'opposition de 1823 n'a
pas ébranlé le trône constitutionnel de Charles X; qu'on se souvienne
des triomphes du voyage en Alsace! La monarchie, telle que la charte
l'avait constituée, paraissait, à cette époque acceptée par tout le monde.

Le parti bonapartiste n'existait plus ; le parti républicain n'existait pas
encore, et les hommes les plus éclairés du parti royaliste avaient re-
noncé de bonne foi au retour du gouvernement absolu ; mais nous
cherchons dans tout cela le parti révolutionnaire et nous ne le voyons
pas. Au point de vue le plus général, les ministres pratiquaient un système déplorable au dedans et contraire au dehors à la dignité de la
France ; leur marche réactionnaire et antilibérale soulevait contre eux
l'opinion publique. Ils abusaient de la majorité de la chambre des députés, de la faveur royale, de la religion dont ils faisaient l'auxiliaire
de leur puissance ; ils couraient risque, abusant de toutes choses, d'entraîner dans leur chute. inévitable la monarchie elle-même ; leur responsabilité pouvait un jour ne plus couvrir la personne du roi. Le
danger était imminent ; Chateaubriand le voyait, le signalait aux plus
aveugles et réclamait les garanties constitutionnelles qui ont été la
base de sa politique. C'était d'un bon citoyen. « Notre agitation crois-
sait, a-t-il dit, à la pensée qu'une mesquine querelle faisait manquer à
notre patrie une occasion de grandeur qu'elle ne retrouverait plus. Si
l'on nous avait dit : Vos plans seront suivis, on exécutera sans vous ce
que vous avez entrepris, nous aurions tout oublié pour la France ; malheureusement nous avions la croyance qu'on n'adopterait pas nos
idées... » Peut-être que, dans l'ardeur de sa polémique, Chateaubriand
s'est trop souvenu d'avoir été chassé des conseils du roi par ceux qui
étaient ses collègues et ses amis ; mais au fond des choses il voulait le
bien et il était dans la vérité.

Cependant, sous l'impulsion de ce génie infatigable, l'opposition
grandissait et prenait d'irrésistibles proportions ; la chambre des pairs,
les cours royales, celle de Paris surtout, en étaient la plus haute
expression ; elle se manifestait dans tous les lieux de réunion, aux
théâtres, dans les cercles, dans les cafés, dans les voitures publiques,
aux tables d'hôte ; son influence s'étendait dans les villes comme
dans les campagnes ; presque tous les journaux lui appartenaient et
l'opinion publique se prononçait chaque jour davantage contre les tendances anticonstitutionnelles du ministère.

Chateaubriand était parvenu au faîte de son importance politique ;

son nom était une puissance, on ne faisait rien sans le consulter, il ne
pouvait paraître en public sans être acclamé ; mais cette éclatante situation laissait l'illustre écrivain dans un état de fortune peu aisé. Vers la
fin de l'année 1825, M. Ladvocat lui proposa de publier ses œuvres
complètes et demanda à entrer en arrangement pour cet objet. Le poëte
n'était pas un habile financier, il ne savait guère discuter ses propres
intérêts ; le libraire s'était toujours montré généreux envers les gens
de lettres qui avaient eu recours à lui, et la convention fut facilement
conclue. Malheureusement, peu de temps après, M. Ladvocat fit faillite ;
l'auteur perdit tout. Les créanciers seuls recueillirent les fruits d'une
publication qui eut un grand succès et dont les bénéfices furent considérables ; cette édition fut publiée en 1826. Plusieurs compositions
inconnues du public virent alors le jour pour la première fois : *Les
Natchez*, œuvre de la jeunesse de Chateaubriand, souvenir de son
voyage en Amérique ; *Le dernier des Abencerages*, cadre charmant
d'une description poétique et vraie de Cordoue et de l'Alhambra ; le
*Discours historique sur l'histoire romaine ; l'analyse raisonnée de l'His-
toire de France*, premières assises d'un monument qui ne devait être
jamais achevé ; l'imagination du poëte ne s'accorde pas avec le calme
et l'exactitude de l'historien. L'*Essai historique sur les révolutions*,
imprimé à Londres en 1797, et resté dans le souvenir de quelques
hommes comme l'œuvre d'un esprit sceptique et révolutionnaire, fut
aussi compris dans cette publication ; c'était presqu'une nouveauté.
Les œuvres littéraires avaient à lutter à cette époque contre l'ardeur
des passions politiques. Les discussions ardentes, soulevées par les
affaires de chaque jour, à la tribune et dans la presse, absorbaient
l'attention publique, et il ne fallut rien moins que la réputation de
Chateaubriand pour la détourner un instant. Dans ces circonstances
défavorables, cette édition, à peu près remplie par des ouvrages déjà
connus, eut un succès incontestable, sans exciter toutefois un enthousiasme égal à celui des premières années du siècle. Cette gloire fut
plus improductive encore que les gloires passées ! Chateaubriand supporta avec courage le malheur qui venait de le frapper, et s'il s'affligea
de la faillite de Ladvocat, ce fut plutôt pour madame de Chateaubriand
dont il espérait avoir assuré l'avenir. Quant à lui, il songeait bien plus
à sa réputation d'écrivain qu'à sa fortune compromise. Pour remplir

ses engagements, quoique son éditeur fût dans l'impossibilité de tenir
les siens, pour satisfaire des créanciers impatients et qui fondaient de
grandes espérances sur ses œuvres, Chateaubriand fut obligé de travailler avec assiduité. Tout le temps qu'il ne donnait pas à la politique
était consacré à ses travaux littéraires. Il revit avec soin ses ouvrages,
surtout ceux qui n'avaient pas encore été livrés à la curiosité publique;
il y mit la dernière main et s'efforça de les rendre dignes de leurs
aînés.

Ces retouches exigeaient beaucoup de temps; il travaillait avec une
certaine lenteur; difficile pour lui-même, il corrigeait, recommençait
même volontiers, écoutait les observations, s'y rendait souvent... Il
supporta sans fatigue ce travail énorme; sa puissante organisation suffisait à tout.

Cependant l'opposition dirigée par Chateaubriand réunissait contre
le ministère tout ce qu'il y avait en France d'hommes considérables
et éclairés. La chambre était encore fidèle, mais des élections par-
tielles, des défections importantes avaient grossi les rangs du côté gauche;
la confiance de la majorité était ébranlée, et M. de Villèle, sentant
le sol trembler sous ses pieds, eut pour la première fois quelques
soucis de la dignité du trône; il eut peur de cette reine qu'on appelle
l'opinion publique. Une plus longue obstination pouvait compromettre
le sort de la monarchie, la chambre déconsidérée était un faible appui,
et le ministère, au risque d'être renversé, chercha de nouvelles forces
dans des élections générales.

Le 5 novembre 1827, parurent quatre ordonnances :

La première prononçait la dissolution de la chambre des députés ;

La deuxième supprimait la censure, convoquait les colléges électoraux à bref délai, et fixait l'époque d'ouverture de la session ;

La troisième était presque un coup d'État : c'était une promotion de
soixante-treize pairs, destinée à changer la majorité qui s'était montrée
peu favorable au ministère ;

La quatrième nommait les présidents des colléges électoraux.

Les élections eurent lieu sous l'empire des plus puissantes excitations, et la chambre des députés fut notoirement hostile au ministère. M. de Villèle abandonna les rênes de l'administration; M. de Martignac, l'un des membres les plus modérés de la majorité, fut appelé par le roi à composer un nouveau ministère; il conserva pour lui le ministère de l'intérieur. Par obéissance au roi, qui ne voulait pas de Chateaubriand, il donna le portefeuille des affaires étrangères à M. le comte de La Ferronnays. Cet homme si honnête, si peu ambitieux, n'apportait aucune force au ministère, il ne se faisait aucune illusion, mais il accepta pour ne pas faire manquer une combinaison ministérielle d'où pouvait sortir le salut de la monarchie. Celui que la voix publique désignait pour remplir ce poste important, l'engagea lui-même à ne pas refuser.

Chateaubriand, ainsi écarté du seul ministère qui lui semblait une réparation suffisante, ne voulut pas faire partie de la nouvelle administration. M. de Martignac et ses collègues ne lui paraissaient pas d'ailleurs répondre d'une manière assez complète aux besoins de la situation; il aurait désiré des hommes d'une nuance plus tranchée et donnant au pays et à l'opposition une plus large satisfaction; le cabinet ne devait pas toutefois le compter au nombre de ses adversaires; plusieurs des ministres étaient ses amis et lui devaient leur position, mais son abstention ne suffisait pas : il fallait son concours effectif. Ce grand nom, cette influence, cette immense popularité étaient indispensables au gouvernement, et, à défaut du portefeuille des affaires étrangères, on lui offrit l'ambassade de Rome.

Au moment où M. de Villèle tombait pour ne plus se relever, au moment où les idées libérales se produisaient dans le conseil du roi, quand la nouvelle administration inscrivait sur son programme la charte et l'abolition de la censure, les libertés de l'Église gallicane et la répression de ces excès de zèle qui ont fait tant de mal à la religion, quand les idées de l'ancien chef de l'opposition triomphaient par ses éloquentes manifestations, Chateaubriand consentait à regret à s'éloigner de la

France ; il s'offensait de la part qui lui était faite, tandis qu'il se croyait
en droit de la faire aux autres ; ajoutons qu'il était péniblement affecté
de la séparation que son poste allait lui imposer : son aimtié pour madame Récamier avait pris les proportions de la passion ; son cœur et son
amour-propre étaient d'accord pour le pousser dans la voie d'un refus,
mais ses amis lui demandaient de faire au bien public le sacrifice de
ces justes prétentions ; les ministres redoutant son influence et les
entraînements de son imagination, cachaient, sous des assurances d'attachement et de reconnaissance, le désir de le voir s'éloigner : ces considérations le décidèrent à faire le sacrifice de ses convenances person-
nelles ; il accepta l'ambassade de Rome et partit.

Léon XII occupait la chaire de Saint-Pierre. Comme beaucoup de
ceux qui avaient seulement entendu les accusations des amis de M. de
Villèle, Sa Sainteté éprouvait quelque éloignement pour cet homme qui
avait osé lutter contre son roi et qui avait été la cause la plus appa-
rente de la chute d'un ministre cher à Charles X, et par qui les prétentions et les exigences du haut clergé avaient été bien servies. On fei-
gnait d'ignorer que Chateaubriand avait été naguère le plus éloquent
défenseur du catholicisme et qu'il n'avait pas pris une part active aux
discussions religieuses ; l'on se souvenait seulement qu'il n'avait pas
répudié toute solidarité avec ceux qui avaient fait de ces controverses la
base de leur opposition, qui avaient attaqué avec violence les jésuites
et dénoncé aux tribunaux l'illégalité de leur établissement en France ;
on affectait de douter de sa foi, parce qu'il avait blâmé ces excès de zèle
qui amènent les désastres et les révolutions.

Son premier soin fut de détruire ces préventions, sa mission ne pouvant avoir de bons résultats si la confiance ne s'établissait pas entre le
gouvernement papal et lui. Les calomnies disparurent devant de loyales
explications ; l'esprit calme et modéré du Souverain Pontife comprenait
très-bien que le véritable sentiment religieux ne cherche d'abri ni dans
la résistance aux lois, ni dans les exagérations du zèle, ni dans l'ambition, ni dans les démonstrations extérieures d'une piété peu éclairée,
et que Chateaubriand, en combattant de dangereuses doctrines, avait pu
encore servir utilement la religion.

L'ambassadeur eut naturellement l'occasion de parler de ce qui le regardait dans ces affaires, puisqu'il avait mission de remercier le pape de sa bienveillante intervention auprès des évêques de France, qui avaient pris fort à cœur l'expulsion des jésuites, ainsi que les ordonnances relatives à l'enseignement des quatre articles et qui menacèrent un moment de ne pas se soumettre.

La froideur du pape disparut peu à peu; ses manières devinrent plus aimables, et l'ambassadeur put non-seulement l'entretenir des affaires de l'Église de France, mais encore des nécessités nouvelles imposées, selon lui, au catholicisme.

Il aborda la délicate question de la réunion des cultes dissidents, question qui avait fait l'objet de quelques-uns de ses entretiens, à Vérone, avec l'empereur de Russie. Alexandre y attachait une grande importance, et chaque matin les prêtres de la religion grecque orthodoxe demandent à Dieu, dans une fervente prière, la fusion des Églises apostoliques : la Russie ferait volontiers des concessions pour l'accomplissement de ce vœu, elle n'y voit pas autre chose que l'agrandissement de son influence politique; mais la religion catholique romaine ne procède pas ainsi : tout ce qui n'est pas en elle est hors d'elle; son unité fait sa force, elle ne demande pas la réunion des cultes dissidents, elle veut leur adhésion pure et simple à sa doctrine et à son chef. La réunion suppose une concession et elle ne peut en faire sans sacrifier l'unité. Chateaubriand a été trompé par sa charité; il n'était pas dans la vérité catholique : ce n'était pas seulement une utopie, quelle est la grande idée qui n'a pas été saluée à son apparition dans le monde par ce mot : utopie? c'était une erreur. La vérité est éternelle; elle sortira triomphante de toutes les luttes. Hâtons ce moment de nos vœux! Un jour viendra, nous l'espérons, où tous, inspirés par les mêmes sentiments et les mêmes croyances, unis par le même symbole, nous porterons d'une main plus ferme le flambeau de la foi dans les abîmes de l'idolâtrie et de l'islamisme. Cette douce perspective avait séduit l'illustre ambassadeur; il avait parlé plus en poëte qu'en théologien.

Au milieu de ces soins divers, Chateaubriand reçut de M. le comte

de La Ferronnays une note sur la situation des affaires en Orient; les
événements, dont l'empire ottoman était le théâtre, préoccupaient à
juste titre le gouvernement français et pouvaient entraîner de graves
complications en Europe.

Les armées de la Russie avaient envahi en Asie et en Europe les
provinces de la Turquie, et de nombreux succès les avaient amenées à
soixante-dix heures de marche de Constantinople; Varna, dernier bou-
levard de la capitale, avait succombé; la Porte était impuissante à
arrêter les conquérants, et la mer Noire était menacée de devenir un
lac russe; la France, de concert avec les grandes puissances, avait
envoyé une armée en Morée, pour rendre la paix à ce malheureux pays,
et la Grèce paraissait pour toujours séparée de la Turquie; l'Angleterre
était prête avec ses flottes à franchir les Dardanelles, l'Autriche attendait, l'arme au bras, le moment d'agir... Dans cet état de choses, quels
devaient être les alliés de la France? Où était l'intérêt de la patrie?
C'est ce que demande M. de La Ferronnays et c'est ce que Chateaubriand
examine dans son *Mémoire sur la question d'Orient*.

Ce mémoire, digne en tous points de la réputation de son auteur,
rédigé avec une grande énergie d'expressions, avec une profonde conviction, est entièrement écrit de sa main, la minute comme l'expédition;
c'est une œuvre grande et belle! Tous les hommes qui ont à cœur
l'intérêt et l'honneur de la France, tous ceux qui ont un avis à émettre,
un conseil à donner sur cette grave question d'Orient, devraient en lire
et en méditer les pages éloquentes

Les Turcs, avec leur religion ennemie de tous les progrès, avec
leurs croyances fatalistes poussées jusqu'à l'absurde, avec leur caractère affaissé sous les misères d'un aveugle despotisme, avec leur essai
de civilisation qui ne leur a donné que des vices de plus, avec leurs
mœurs efféminées, n'inspirent à Chateaubriand aucune espèce d'intérêt;
leur présence en Europe est à ses yeux la honte des nations civilisées;
ces belles contrées, ces chrétiens esclaves qui les peuplent, éveillent dans
son âme un profond sentiment de pitié; une alliance avec l'Angleterre
et avec l'Autriche, pour protéger un semblable état de choses, lui

apparaît comme une faute grave; il aime mieux voir les Russes à
Constantinople que d'y voir les Turcs ou les Anglais. Il conseille une
alliance étroite avec la Russie, qui seule peut voir sans jalousie la
France reconquérir ses frontières naturelles et s'agrandir jusqu'au
Rhin... Ces idées, sur lesquelles nous ne voulons pas formuler notre
opinion, tant elles ont d'actualité, sont présentées avec une grande force
de logique et une rare habileté : si les conclusions de ce rapport sont
controversables, si les conseils de l'imagination et du cœur y paraissent
trop écoutés, admirons au moins le patriotisme de l'homme d'État et
honorons de telles opinions, quand bien même elles ne devraient jamais
être pratiquées.

La mort de Léon XII vint mettre plus en évidence l'ambassadeur et
lui fournit une nouvelle occasion de défendre les droits et les intérêts
de la France; il eut le courage, en l'absence d'instructions ministérielles vainement demandées, de donner l'exclusion à un cardinal trop
dévoué à l'Autriche, exerçant ainsi un droit tombé en désuétude et dont
le gouvernement n'avait pas usé depuis fort longtemps. Il eut le bonheur de voir les suffrages du sacré collége se réunir sur un des cardinaux qu'il avait désignés et recommandés aux cardinaux français.
Ce pape fut Pie VIII. Son élection fut accueillie en France de la manière
la plus favorable.

Chateaubriand eut l'occasion de parler deux fois au sacré collége :
d'abord au moment de la mort de Léon XII, puis quelques jours après
en présentant ses lettres de créance. Dans son premier discours, il rappelle en quelques mots à l'illustre assemblée des mandataires de l'Église
catholique, la modération d'esprit du feu pape, sa connaissance profonde des besoins de son siècle, et paie à sa mémoire un juste tribut
d'éloges et de regrets. Dans son second discours, au nom de la religion
chrétienne qui croît avec la civilisation et marche avec le temps; qui,
après avoir traversé les âges de ténèbres et de force, est devenue chez
les peuples modernes le perfectionnement de la société; qui, raison
divine, dirige la raison humaine vers un but qu'elle n'a pas encore
atteint... il supplie la noble assemblée de choisir un chef puissant
par sa doctrine et par l'autorité du passé, qui n'en connaisse pas

moins les nouveaux besoins du présent et de l'avenir. Quelle admirable intelligence de tout ce que le catholicisme peut opérer de bien et de salutaire sur l'esprit des peuples de notre temps !

Quand Chateaubriand, ambassadeur du roi très-chrétien, revit la capitale du monde catholique, il y avait bien longtemps qu'il l'avait quittée ! Les hommes qu'il avait connus jadis avaient disparu, remplacés par d'autres hommes ; des choses nouvelles étaient venues prendre la place des choses passées ; la papauté avait échangé sa situation critique et précaire des premières années du siècle contre une situation brillante et assurée. Le secrétaire d'ambassade, connu seulement par le succès d'un beau livre, était devenu un homme éminent et le premier écrivain de son temps ! L'aspect de Rome avait peu changé, c'est à peine si les événements qui avaient profondément remué le monde y avaient laissé la trace de leur passage. L'Empire cependant y avait fait sentir sa puissance réparatrice : des ruines, sorties des entrailles de la terre, étalaient leurs merveilles aux yeux du voyageur étonné ; des monuments avaient été réparés, de grands projets conçus par le génie de Napoléon avaient été ébauchés... La campagne de Rome était toujours la même ; la lettre à M. de Fontanes, dont nous avons parlé dans la première partie de cet ouvrage, était aussi vraie qu'elle l'était vingt-cinq ans auparavant, le jour qu'elle fut écrite. Nul guide n'eut été plus exact ; les champs incultes avaient conservé cette empreinte de tristesse que des siècles d'abandon leur ont donné et cet aspect de désolation qui impressionne si vivement ; le soc fécond de la charrue n'avait pas bouleversé cette terre qui recèle tant de trésors et les éléments, et les hommes avaient heureusement respecté cette poussière sous laquelle les ans ont caché les débris épars de la civilisation de Rome païenne. Seulement, çà et là, l'on reconnaissait qu'un savant ou qu'un artiste avait cherché sous l'herbe flétrie quelques-uns de ces morceaux de sculpture qui font l'ornement de nos musées, et ont la perfection révèle un degré de civilisation très-avancée.

Le poëte, pendant les premiers temps de son séjour à Rome, éprouva un dégoût extrême des hommes et des choses ; un insupportable ennui le poursuivait, il aspirait avec une sorte de passion au repos et à l'isolement ; vivre obscur dans sa petite maison de Paris, lui semblait le bonheur, il se trompait... Ce qui lui manquait, c'était l'activité de la lutte et l'agitation des dernières années. Le désœuvrement d'une grande position, l'ambition déçue, laissaient son âme accessible à tous les tourments, et l'absence d'une amie bien chère était une des douleurs de sa vie... Mais à mesure que les préventions conçues contre lui se dissipaient, à mesure qu'il sentait sa situation se consolider et s'agrandir, il s'attachait de plus en plus à des fonctions qui lui donnaient Rome pour résidence, il se reprenait à aimer la Ville sainte, asile de tant de grandeurs déchues ! Les ruines qui l'entourent de toutes parts s'harmonisent si bien avec les désillusions, les repentirs et les chagrins ! Il aimait, comme il les aimait naguère, ces solitudes où jeune il était venu rêver ; et assis, comme autrefois, sur un fût de colonne renversée ou sur la pierre de quelque tombe vide, il demandait aux étoiles les secrets de l'avenir, il disait aux nuages l'histoire du passé. Il se prenait à espérer qu'il finirait sa vie sur cette terre privilégiée, il choisissait la colline sur laquelle il devait bâtir sa modeste villa..... Ses derniers jours, pensait-il, s'écouleraient ainsi dans la paix de l'âme, dans les douceurs d'une sainte amitié, dans l'admiration de ce beau ciel et dans la contemplation des éternelles vérités. Mais avant de mettre à exécution ces projets, il voulut voir encore la France et demanda un congé.

Ses amis le revirent avec bonheur ; les ministres le reçurent avec une certaine méfiance, comme s'il était venu solliciter non-seulement le ministère des affaires étrangères qui était vacant, et que M. de Martignac ne demandait pas mieux que de lui confier, mais la première place. Le roi qui avait résisté à ses ministres et obstinément refusé de donner à Chateaubriand la seule satisfaction digne de lui, le roi, qui avait préféré un intérim à une nomination qu'il regardait comme un acte de faiblesse, l'accueillit avec une froideur marquée et lui demanda s'il retournait bientôt à Rome. Sa présence déplaisait. Dans ces circonstances, son séjour à Paris ne pouvait être de longue durée, et après quelques arrangements il repartit... Comme les gens heureux, il gaspillait le temps sur la route, il s'arrêtait souvent, un peu partout..... Comblé de richesses et d'honneurs, tout ce que les hommes ambitionnent, il en jouissait pleinement. Absorbé par le bonheur, il était resté indifférent

à l'accueil peu sympathique qui lui avait été fait dans les hautes régions
gouvernementales, et il n'avait pas vu à l'horizon le point noir qui
annonce l'orage au marin expérimenté ; que pouvait-il redouter ? Encore
quelques jours, et ses rêves les plus charmants devenaient des réalités !
Il avait vu les Alpes ; il voulut parcourir les Pyrénées de Bayonne à
Perpignan, et visiter plus particulièrement les lieux qui attirent la foule,
soit par les vertus curatives de leurs eaux minérales, soit par la beauté
des sites pittoresques qui les environnent. Il s'arrêta à Cauterets dans les
plaisirs d'une oublieuse oisiveté... Tout devait être contraste dans sa vie !
Ce fut à Cauterets qu'il apprit la chute du ministère Martignac et l'avénement de M. le prince de Polignac, nommé ministre des affaires étrangères et président du conseil des ministres. Adieu, doux rêves ; adieu,
beau ciel d'Italie ; adieu, fortune et dignités ; adieu, Rome, adieu...

Chateaubriand, nous le savons, n'a pas de défaillance : son honneur
avant tout ; sa décision fut immédiate, irrévocable ; il n'eut pas un instant la pensée de conserver son ambassade et de donner son concours à
un ministère qui subissait la direction de l'homme qui portait le nom
le plus impopulaire de France.

Pour rompre ainsi avec le prince de Polignac, qui avait été son ami
et auquel il avait ouvert en 1823 la carrière diplomatique un peu malgré ses collègues, pour refuser ainsi l'appui de sa vieille renommée aux
nouveaux ministres, il n'eut besoin ni des avis, ni des conseils de ses
amis ; sa conscience seule lui dictait ses devoirs et il obéissait à ses nobles inspirations.

Cependant le sacrifice était immense ! Reprenant le chemin parcouru
la veille, il sent des larmes mouiller ses paupières ! Il pleure sur sa patrie entraînée dans de nouveaux hasards ; il pleure sur son roi, dont la
vieillesse demande le repos et qui se prépare à la lutte ; il pleure sur
lui-même... A son arrivée à Paris, il demande audience au prince de
Polignac, lui annonce sa résolution et sollicite la grâce de remettre lui-
même sa démission au roi. Le prince le pria au nom de leur ancienne
amitié, au nom du bien de la France, au nom de la monarchie, de con-

server son ambassade ; il fut inflexible, et la seule faveur qu'il récla-
mât : voir le roi, lui fut refusée. Le prince comprenait tout ce que l'opposition d'un adversaire aussi redoutable lui enlevait de force et lui
créait de difficultés.

La démission de Chateaubriand était une rupture dont l'éclat devait
avoir les plus graves conséquences. Elle entraînait loin du ministère ceux
dont l'union avait amené la chute de M. de Villèle, et elle ôtait à M. de
Polignac l'espoir de former dans la chambre une majorité favorable à
son administration. L'opinion publique ne s'y méprit pas : c'était une
déclaration de guerre d'autant plus dangereuse qu'elle mettait en sus-
picion la conduite du ministère avant qu'un seul acte eût fait connaître
la marche qu'il se proposait de suivre ; mais dans la pratique du gouvernement constitutionnel les hommes représentent des systèmes, les
idées se personnifient dans des noms propres. Le prince de Polignac
était aussi certainement l'antagoniste des idées nouvelles que Chateaubriand en était l'apôtre. L'ordonnance royale qui nommait le président
du Conseil était une déclaration de principes ; la question était posée
entre ceux qui voulaient la charte et ceux qui ne la voulaient pas ; les
faits ne pouvaient la poser autrement. D'un côté, la France entière avec
son amour du gouvernement représentatif ; de l'autre, quelques hommes qui regardaient tout ce qui est restriction pour le pouvoir, indépendance et liberté pour les sujets, comme une révolte contre l'autorité
divine d'où émane la royauté légitime.

Chateaubriand devait-il, oubliant le passé, se courber devant des
prétentions exorbitantes et prêter l'appui de son nom à un système
plein de folies et de périls? N'était-il pas plus digne de lui de se séparer du ministre qui entraînait la monarchie à sa perte ? Il était temps
encore de sauver la légitimité, mais il fallait avoir le courage de faire
connaître le danger, et le danger était tout entier dans le ministère. Si
Chateaubriand avait agi autrement, il aurait manqué à l'unité de son
passé, il aurait déserté son drapeau. Il a jeté le cri d'alarme d'un sujet
fidèle, le roi pouvait se séparer immédiatement de ses aveugles amis.
Plus tard il l'a fait, mais hélas! la révolution populaire de Juillet avait
prononcé son irrévocable arrêt !

La nomination de M. de Polignac et de ceux qu'il avait appelés à le seconder dans sa mission liberticide arracha un long cri de colère à tout ce qu'il y avait en France d'hommes attachés au gouvernement représentatif et à la monarchie constitutionnelle. Le gage du combat était jeté : la presse presque tout entière le releva sans hésiter ; le *Journal des Débats* fut sublime d'indignation. Cependant le ministère, après bien des jours d'hésitation, se décida à réunir les chambres. Le discours de la couronne à l'ouverture de la session se terminait par une phrase qui ressemblait à une menace : tant elle fut fortement accentuée par le roi ! La chambre des pairs répondit par une respectueuse protestation en faveur de la charte et des institutions libérales. Après la lecture de l'adresse par le président de la noble assemblée, un seul pair demanda la parole, ce fut Chateaubriand : « Le discours de la couronne, disait-il, est la confirmation des bruits de coup d'État qui circulent dans le public depuis l'avénement du ministère..... Une révolution est aujourd'hui impossible par le peuple, mais cette révolution peut sortir d'une administration égarée dans ses systèmes et ignorante de son pays et de son siècle... » Il faisait remarquer avec vérité que dans les moments de crise la chambre héréditaire n'était pas un appui suffisant pour la royauté ; qu'elle ne pourrait jamais se maintenir seule au milieu de la nation dont elle n'émanait pas ; que la chambre élective représentait spécialement l'opinion nationale ; que le gouvernement ne pouvait jamais sans péril se trouver en désaccord avec elle, et que la suppression de la liberté de la parole et de celle de la presse serait le premier acte de l'usurpation monarchique.

C'était recommander aux hommes qui dirigeaient le gouvernement de respecter les libertés, c'était leur dire qu'elles étaient la sauvegarde de la royauté légitime. Tous les ministres étaient présents ; aucun ne demanda la parole, et l'adresse fut votée à l'unanimité, moins la voix de Chateaubriand, qui déposa un bulletin blanc dans l'urne.

L'adresse de la chambre des députés, non moins respectueuse dans la forme, fut plus nette dans son expression. La chambre déclara que la condition essentielle du gouvernement représentatif, c'est-à-dire l'accord entre elle et le ministère, n'existait pas.

Un nouvel appel aux électeurs devint donc nécessaire ; ce fut l'occasion d'une éclatante défaite pour le ministère, mais les hommes du pouvoir étaient frappés de vertige : ils ne voyaient ni leur isolement ni leur faiblesse ; il ne restait à M. de Polignac que deux partis à prendre : l'un constitutionnel, sage, légal ; l'autre violent et illégal. Ce fut malheureusement à ce dernier parti qu'il s'arrêta, et en vertu de l'article 14, en vertu de cet article d'où Chateaubriand avait prédit que sortirait la mort de la monarchie, il brisa le contrat qui unissait depuis quinze ans la dynastie des Bourbons et la France.

Le jour même où les ordonnances du 25 juillet 1830 parurent, Chateaubriand quittait Paris et allait aux bains de mer de Dieppe, sans avoir rien vu ni rien su qui pût lui faire soupçonner que la cour avait pris son parti, et que la violence l'emportait ; mais, à son arrivée, un ami lui apporta les journaux, et il connut alors jusqu'où M. de Polignac avait poussé l'ignorance de l'état des esprits. Il ne doute pas un instant que ce coup d'État ne soit le signal d'une lutte entre le pouvoir et la France unie dans un même sentiment ; il voit combien la monarchie à laquelle il a donné tout ce qu'il y a en lui de talents, de courage, de dévouement, est compromise ; qui peut prévoir quel sera le dénoûment de ces graves complications ! Il repart immédiatement pour Paris, afin de se jeter, s'il en est temps encore, entre le roi et l'opposition, entre l'armée et le peuple, si l'on a fait appel à la force ; il presse les chevaux, il court, il vole, dans l'espérance de ménager un arrangement et, si Charles X est déjà impossible, de sauver au moins la monarchie légitime. Dernière espérance d'un ami fidèle, dernière vengeance d'un noble cœur !

A mesure qu'il avance dans sa course rapide, il remarque une agitation qui augmente à chaque relais, à chaque heure ; on se rassemble, les conversations sont animées, des cris se font entendre, le drapeau blanc ne flotte déjà plus sur les édifices publics, sans toutefois que d'autres couleurs soient arborées ; les écussons aux fleurs de lis ont disparu... Plus il approche du centre de la France, plus l'effervescence de la population grandit ; bientôt elle prend des proportions larges et inquiétantes. C'est de la révolte... les communications deviennent plus difficiles, les routes sont rompues, le passage des ponts est surveillé, des barricades s'élèvent..... Les barrières de Paris sont gardées par la garde nationale, sortie du linceul dans lequel M. de Villèle croyait l'avoir enveloppée pour toujours ! Le peuple veille, il est en armes, le drapeau tricolore flotte sur les tours de Notre-Dame et sur tous les monuments, un gouvernement provisoire est installé à l'hôtel de ville..... C'est une révolution !

Le temps presse, Chateaubriand ne perd pas une minute pour se mettre en rapport avec la cour, qui n'a pas encore quitté Saint-Cloud ; il écrit à Charles X, il offre humblement le secours de ses services. La lettre, remise par une personne sûre, ne parut pas digne d'une grande attention, et le roi, aveugle jusqu'à la dernière heure, répond verbalement que M. le duc de Mortemart est chargé de ses pleins pouvoirs et qu'il faut s'adresser à lui ; cette réponse est peu satisfaisante sans doute, cependant le sujet dévoué ne se rebute pas : il cherche M. de Mortemart et malheureusement ne le rencontre pas... Chateaubriand dans sa popularité et dans sa force aurait-il pu arrêter le torrent qui précipitait les hommes et la royauté dans les hasards d'une révolution nouvelle ? C'est douteux, mais nous regrettons que, dans ces jours de malheur, le roi ne lui ait pas accordé la confiance qu'il était en droit d'espérer. Peut-être eût-il pu rallier à sa grande renommée ceux qui avaient encore quelque attachement pour les Bourbons, ceux qui redoutaient les suites des victoires populaires, ceux qui n'avaient pas cessé d'avoir confiance dans la monarchie constitutionnelle, ceux qui ne cherchaient qu'un point de ralliement et dont le courage n'était pas paralysé par la peur ; peut-être alors n'eût-il pas été impossible dans ce premier moment, quand le doute était encore dans les esprits, d'obtenir une transaction. Mais les événements se succédaient avec une effrayante rapidité, le travail des esprits était plus rapide encore, et, chaque heure creusait plus profondément l'abîme qui séparait les Bourbons du trône. La défection était à peu près complète dans l'armée, la garde royale donnait les marques d'un profond découragement, les membres du gouvernement s'étaient dispersés, il était impossible de recommencer la lutte, et la déchéance de Charles X était déjà comme un fait accompli. Son abdication, ainsi que celle du duc d'Angoulème, ne, produisit aucune sensation, et la royauté du duc de Bordeaux, avec une régence, fut regardée par le public comme une impossibilité.

La famille royale reprit pour la troisième fois la route de l'exil.....

Au milieu des épaves de cet immense naufrage, au milieu de ce flot populaire qui emportait ses affections, ses vœux et ses croyances, Chateaubriand ne restait pas inactif ; il poursuivait sans relâche la pensée de placer la couronne sur la tête de M. le duc de Bordeaux ; sans se faire d'illusions, il combattait jusqu'au dernier moment, comme ces soldats qui ne rendent jamais les armes.

Il fut invité à une réunion de pairs : il s'agissait de s'entendre sur le parti à prendre dans les circonstances actuelles. En attendant l'heure de la séance, il voulut reconnaître par lui-même l'état de l'opinion publique et visiter ces rues bouleversées par trois jours de combats. Le hasard le conduit devant la colonnade du Louvre : là est une large fosse, on y dépose des morts, un prêtre récite des prières, la foule assiste silencieuse et recueillie à cette lugubre cérémonie ; lui-même, pensif et attristé, semble y prendre quelque part... On chuchote autour de lui, il est reconnu, on prononce son nom tout bas, les voix s'élèvent, on le presse, l'on crie : Vive la charte ! vive la liberté ! vive Chateaubriand ! et, malgré sa résistance, il est porté en triomphe jusque dans la cour du palais du Luxembourg. Jamais triomphe populaire ne fut un plus grand hommage rendu au talent, à la fidélité, à l'honneur !

Quelques pairs étaient déjà réunis ; mais à leur attitude, à leur accent, à leur langage embarrassé, il comprit bientôt que ce n'était pas d'eux que viendrait le secours qu'il attendait et que la monarchie légitime n'avait rien à en espérer. Les uns, agités, émus, indignés par l'attentat commis contre la charte, s'emportaient en menaces contre le prince de Polignac, n'osant pas porter leurs coups plus haut ; les autres, consternés par le combat dont les rues de Paris portaient les sanglantes traces, frappés de terreur en présence de cette populace qui régnait encore une fois, se taisaient.....

Ces hommes, puissants naguère par leurs noms, par leurs titres, par
leurs fonctions, par leur fortune, avaient-ils le sang-froid nécessaire
pour considérer la situation sans en exagérer les périls ? Avaient-ils
tous un désintéressement assez élevé pour s'oublier eux-mêmes et
s'inspirer seulement des intérêts de la patrie ? Et si, unis dans un même
sentiment, si électrisés par le courage de quelques-uns d'entre eux,
ils avaient adopté un parti, quelle était leur influence au dehors ?
Avaient-ils l'autorité nécessaire pour faire prévaloir leur choix ?
L'aristocratie, vaincue en 1789, n'avait pu reconquérir son importance,
et elle était condamnée à subir le débordement de la démocratie
de 1830.

La royauté du duc de Bordeaux, avec une régence, était pour quelques esprits sages, et pour Chateaubriand surtout, la seule ancre de salut ; mais les esprits sages sont en minorité dans le monde, et en temps
de révolution, les honnêtes gens, a dit le grand écrivain, ont toujours
peur, c'est leur nature ; ils se cachent. D'ailleurs la faiblesse et les in-
certitudes d'une régence faisaient repousser par beaucoup d'hommes
politiques un arrangement sur cette base. Il était fort douteux que le
peuple, dont la victoire n'avait pas complété la vengeance, eût admis
cette combinaison, et le duc d'Orléans, seul régent possible dans ces
circonstances, eût-il accepté une mission que les souvenirs de la minorité de Louis XV devait lui rendre particulièrement pénible ? La république se présentait avec le sanglant fantôme de 1793 et ne pouvait que
faire peur à la France ; il fallait à tout prix écarter cette forme de gouvernement, qui comptait des partisans actifs et hardis et vers laquelle
le peuple de Paris se serait facilement laissé entraîner ; restait donc la
royauté du duc d'Orléans. Malgré toutes les objections que l'on pouvait
y faire, elle était en ce moment le meilleur remède à une situation dont
chaque heure d'interrègne augmentait les périls. Cette combinaison devait être facilement acceptée par la majorité bourgeoise qui avait pris la
direction du mouvement, parce qu'elle était aussi éloignée d'un retour
vers la royauté légitime que de l'adoption du gouvernement républicain. Les hommes, et ils sont en grand nombre, qui n'ont pas de principes solidement établis sont toujours disposés à accueillir favorable-
ment les transactions.

Chateaubriand ne se laisse pas ébranler par des dispositions si contraires à ses vœux, il n'abandonne aucun de ses principes; la légitimité ne cesse de lui apparaître comme le palladium de la liberté et de
la grandeur de la France, il la défend avec toute l'énergie de ses convictions. Mais c'est en vain qu'il appelle tous les amis de la monarchie
constitutionnelle, personne ne vient à lui, on l'évite, on le fuit..... il est
abandonné !

Les royalistes n'ont aucune confiance dans son dévouement à la
monarchie, ils ne veulent à aucun prix de son concours ; les libéraux,
avec lesquels il a combattu les tendances fatales du gouvernement déchu, ne marchent plus avec lui : il est seul !

Il avait été à la tête d'une opposition si puissante que la royauté
elle-même n'avait pu lui résister; mais cette phalange, composée d'éléments divers, n'avait eu d'unité que pour la défense des libertés publiques ; sur presque tous les autres points elle était divisée d'opinions et
de systèmes. Dès que les circonstances changèrent, le courant rapide
des événements entraîna dans diverses voies tous ceux qui s'étaient
réunis sous le sceptre de l'illustre publiciste : il n'avait plus d'armée;
sa royauté s'était aussi brisée ! Il lui restait ses talents et son patriotisme; il lutta jusqu'au dernier moment; les Bourbons ne sont pas
tombés sans qu'une voix s'élevât pour défendre leurs droits! Mais cette
voix se perdit au milieu du bruit... C'est plus tard à l'abri d'un pouvoir
légal que les échos en redirent les douloureux accents !

Deux fois Chateaubriand fut mandé au Palais-Royal; il vit le duc
d'Orléans; il résista à toutes les instances qui lui furent faites; il ne
fut séduit ni par la parole habile et gracieuse du prince, ni par la pro-
messe de reprendre sa chère ambassade de Rome; il a raconté ces
deux entrevues; mais son récit, assaisonné de moquerie, empreint
d'une certaine affectation de mépris, perd sa dignité et son effet ; qu'on
nous permette de le dire aussi : « Aucun défaut ne nous choque, excepté
la moquerie. » Le prince rendait par ses démarches un sincère hommage au génie et à la haute influence de Chateaubriand, et il s'honorait
lui-même par ses offres, autant que le célèbre écrivain s'est honoré par

son refus. Les circonstances étaient graves pour tous les deux : graves pour le prince qui allait s'asseoir sur un trône sorti des ruines et des barricades, graves pour l'homme d'État dont les principes étaient renversés et qui perdait ses dignités et sa fortune. Quelque aveugle que puisse être l'ambition, quelque absolu que soit le dévouement, l'on n'échange pas sans trembler une situation heureuse contre le peut-être de l'avenir!

Chateaubriand croyait que son rôle devait finir le jour où le règne de Charles X, brusquement interrompu, ne devait plus se continuer par l'ordre naturel de la succession ; il lui semblait qu'il ne pouvait être utile à un pouvoir qui n'était pas dans les conditions de ce qu'il avait toujours défendu ; sa conscience a été son seul guide ; ni les injustices, ni les outrages du passé, ni les promesses de l'avenir ne purent le faire dévier de sa ligne de conduite, et le détacher d'une cause à laquelle il avait dévoué son honneur et sa vie.

Cependant la chambre des députés, pressée de mettre un terme à l'anarchie, venait de déclarer le trône vacant et d'y appeler le duc d'Orléans. Cette déclaration fut portée à la chambre des pairs et soumise à son approbation le 7 août 1830. Ce jour-là, Chateaubriand est à sa place accoutumée; à peine la lecture de la proposition est-elle terminée qu'un pair demande et obtient la parole pour l'appuyer; après lui Chateaubriand se lève, monte à la tribune et, au milieu du plus profond silence, il prononce un discours qui est le résumé de sa vie politique; les idées les plus élevées y apparaissent dans le plus magnifique langage; son geste a quelque chose de solennel, son attitude est fière sans être provoquante, et l'émotion de sa voix n'ôte rien à la puissance de son organe.

« Inutile Cassandre, dit-il en terminant, j'ai assez fatigué le trône et la patrie de mes avertissements dédaignés, il ne me reste qu'à m'asseoir sur les débris d'un naufrage que j'ai tant de fois prédit ! Je reconnais au malheur toutes les sortes de puissances, excepté celle de me délier de mes serments de fidélité. Je dois aussi rendre ma vie uniforme; après tout ce que j'ai fait, dit et écrit pour les Bourbons, je serais le dernier des misérables si je les reniais au moment où, pour la troisième et dernière fois, ils s'acheminent vers l'exil. Je laisse la place à ces généreux royalistes qui n'ont jamais sacrifié une obole ou une place à leur loyauté, à ces champions de l'autel et du trône qui naguère me traitaient de renégat, d'apostat et de révolutionnaire..... Pieux libellistes, le renégat vous appelle..... Provocateurs de coups d'État, prédicateurs de pouvoirs constituants, où êtes-vous ! vous vous cachez dans la boue... Que tous ces preux, dont les exploits projetés ont fait chasser les descendants de Henri IV à coups de fourche, tremblent maintenant, accroupis sous la cocarde tricolore, c'est tout naturel ; les nobles couleurs dont ils se parent protégent leur personne, mais ne couvrent pas leur lâcheté ! Au surplus, en m'exprimant avec franchise à cette tribune, je ne crois pas faire acte d'héroïsme, nous ne sommes plus dans ces temps où une opinion coûtait la vie ; y fussions-nous, je parlerais cent fois plus haut. Le meilleur bouclier est une poitrine qui ne craint pas de se montrer découverte à l'ennemi... Si j'avais le droit de disposer d'une couronne, je la mettrais volontiers aux pieds de M. le duc d'Orléans ; mais je ne vois de vacant qu'un tombeau à Saint-Denis et non pas un trône.

« Quelles que soient les destinées qui attendent M. le lieutenant général du royaume, je ne serai jamais son ennemi s'il fait le bonheur de ma patrie. Je ne demande à conserver que la liberté de ma conscience et le droit d'aller mourir partout où je trouverai indépendance et repos.

« Je vote contre le projet de résolution. »

A ce moment il descend lentement les degrés de la tribune, traverse l'hémicycle et sort de cette enceinte où il ne doit plus reparaître. Personne ne le suivit.

Le lendemain il remet au nouveau gouvernement ses pensions et ses dignités, et ne conserve des splendeurs de sa vie politique que la cocarde blanche arrachée de son chapeau de pair, et qu'il avait emportée la veille en la pressant sur son cœur.

TROISIÈME PARTIE

de 1830 à 1848

REGRETS ET DÉVOUEMENT

C'est ainsi que Chateaubriand mit fin à sa vie politique : plus digne d'admiration, selon nous, qu'à l'époque où les souverains le comblèrent d'honneurs en récompense des services éminents qu'il avait rendus à l'ordre européen et à la monarchie française ; plus grand que le jour où le peuple, dans le délire de la victoire, l'élevant sur le pavois, le portait en triomphe dans les rues de Paris. On s'est étonné souvent, avec raison, que, dans ces jours suprêmes, la puissante voix de Chateaubriand n'ait pas mieux été entendue ; comment cette fidélité inébranlable, ce courage impassible en face du danger, ne rendirent-ils pas la confiance aux plus désabusés ? Comment cette popularité, si puissante alors que le peuple était le seul maître, ne réunit-elle pas tous les royalistes ? C'est que Charles X, la cour, les ministres, leurs serviteurs et leurs amis ne comprirent pas plus, au moment de la révolution, ce qui pouvait les sauver qu'ils n'avaient compris, au jour de leur puissance, ce qui devait les perdre. Chateaubriand avait mis aux pieds de ce roi qui tombait son génie, son influence, sa vie, et ce roi préféra l'exil à l'appui qui lui était offert. Craint plutôt qu'aimé de ces princes ingrats, abandonné à lui-même, seul contre tous, il ne put que lutter jusqu'au dernier moment. C'est en vain qu'il opposa sa poitrine à la

tempête qui emportait le trône du faible successeur de Louis XIV, la
lutte était inégale, et vaincu, bien des vainqueurs, dans leur apostasie,
durent ambitionner la gloire de sa défaite.

Les puissantes mains du peuple avaient ainsi brisé la légitimité dont
Chateaubriand, dans un éclatant apostolat, avait été toute sa vie le défenseur; la révolution de Juillet avait inauguré un nouveau droit public
ayant pour base la souveraineté nationale ; les amis de l'illustre publiciste étaient dispersés : les uns, dont la fidélité était moins engagée ou
moins scrupuleuse, s'étaient soumis au nouveau gouvernement ; d'autres rêvaient l'établissement d'une république sur les bases les plus
larges de la démocratie et de l'égalité; d'autres, encore fidèles au pouvoir qui tombait, s'étaient réunis au parti royaliste; il restait seul, mais
son isolement avait un caractère de grandeur qui allait à merveille à sa
vieille renommée. Il éprouvait un invincible éloignement pour le gouvernement de la révolution de Juillet et pour tous ceux qui le servaient;
pas de rapprochement possible de ce côté. Il ne voyait pas sans quelque
plaisir les idées républicaines prendre de la consistance; les hommes
de ce parti lui plaisaient. Il croyait que la république pouvait seule
remplacer le gouvernement légitime; mais bien des problèmes insolu-
bles se dressaient encore entre lui et les républicains, et les séparaient
profondément. Ceux dont il avait pendant quinze ans combattu les tendances fatales, ceux qui l'avaient chassé du ministère, ceux qui avaient
affecté un constant mépris pour ses avertissements et ses conseils, lui
ouvraient maintenant leurs bras, mais nulle sympathie ne l'attirait de ce
côté. Alors il comprit qu'une retraite, au moins momentanée, était le seul
parti qui convînt aux exigences de son passé et à la dignité de son avenir.

Chateaubriand avait une telle illustration, il avait conservé une telle
popularité qu'il ne lui était pas facile de se dérober aux regards et de
faire oublier un nom qui avait un si grand retentissement. Une maison
de simple apparence, à l'extrémité solitaire d'une rue éloignée du centre
de Paris, une vie simple, un entourage peu nombreux, une société
d'amis choisis et sûrs, nulles relations dans ce qu'on appelle le monde,
nulles visites, toutes ces choses ne suffisaient pas pour le mettre à l'abri
des bruyants regrets des uns et de l'empressement des autres. Il était

dans la force de son influence et dans la plénitude de son talent ; personne n'avait oublié les services qu'il avait rendus et ne renonçait à le voir reparaître sur la scène politique.

Quelques hommes haut placés dans les lettres, dans les sciences, dans les arts ou dans la politique, formaient autour de lui une pléiade de couleurs diverses. Ses sentiments honnêtes et généreux le rendaient tolérant pour toutes les opinions, comme pour tous les systèmes. Par une exception que nous avons quelque peine à nous expliquer, il est resté pour le roi Louis-Philippe et pour les hommes de son gouvernement un adversaire toujours impitoyable et souvent injuste. Les nécessités de la politique, les dangers d'une situation malheureuse ne purent jamais lui faire pardonner l'usurpation.

Que l'on nous permette de citer quelques-uns des hommes qui lui inspirèrent à cette époque le plus de sympathie : Armand Carrel, rédacteur en chef du *National*, homme d'un grand talent et d'un grand courage, qui était passé du dévouement le plus absolu à la dynastie napoléonienne, aux idées républicaines ; Béranger, le poëte populaire et national, le chansonnier qui a trop souvent trempé sa plume dans une encre impure, oui, Béranger, dont l'esprit aimable et la simplicité le charmaient et, conquète plus étrange encore, charmaient madame de Chateaubriand, qui l'engageait à venir souvent voir son mari ; l'abbé de Lamennais, qui commençait la série de ses égarements par la publication des *Paroles d'un Croyant*, l'abbé de Lamennais, son compatriote, qu'il aimait malgré les différences profondes qui les séparaient ; l'un poussant l'orgueil jusqu'à l'apostasie, et l'autre croyant par une certaine intuition du cœur ; Arago, le savant, son voisin, qui commençait alors sa carrière politique, et d'autres encore qui portaient des noms aimés ou admirés du public.

Cependant il aspirait à vivre tranquille et à mourir loin d'un monde qui s'était formé malgré lui et en dehors de lui, loin d'un gouvernement dont l'existence était la négation d'un principe qu'il avait toujours défendu. Il lui semblait difficile de vivre en France, mais vivre au dehors était plus difficile encore. Les montagnes de la Suisse avaient-elles des retraites assez profondes, des sommets assez élevés

pour ne pas retentir du bruit des agitations du monde et pour le protéger lui-même contre de généreux retours? Ses amis le voyaient s'é-
loigner avec un véritable chagrin; madame Récamier était fort combat-
tue entre le désir de ne pas séparer sa destinée de celle de son ami et
la peine de quitter son doux entourage de l'Abbaye-aux-Bois. Madame de
de Chateaubriand ne se serait résignée que difficilement à abandonner
les déshérités de la fortune pour lesquels elle avait créé l'hospice de Ma-
rie-Thérèse, et Béranger chantait :

> « Chateaubriand, pourquoi fuir ta patrie,
> « Fuir notre amour, notre encens et nos soins?
> « N'entends-tu pas la France qui s'écrie :
> « Mon beau ciel pleure une étoile de moins ! »

Était-il bien certain de trouver dans la solitude le calme et la paix
qu'il allait y chercher? Le calme et la paix étaient-ils compatibles avec
sa nature? Insoucieux peut-être en ce moment des affections qu'il
laissait, des regrets que son départ inspirait, aurait-il bien consenti à
être oublié, à passer les dernières années de sa vie dans d'obscurs
travaux et d'inutiles repentirs? Ses devoirs envers le gouvernement
déchu étaient-ils tous remplis? Devait-il l'abandonner à ses ennemis
quand les défenseurs devenaient si rares et les accusateurs si nombreux? L'injustice et l'ingratitude ne l'avaient pas découragé aux
jours de la prospérité; et quand la tempête d'une révolution avait balayé
le trône qu'il avait défendu, la dynastie qu'il aimait, pouvait-il refuser
au malheur l'appui de son influence et les efforts de son dévouement?
Était-ce assez d'avoir été fidèle jusqu'au dernier jour? Était-il dégagé
de tous devoirs envers la légitimité, parce que ses avertissements n'a-
vaient pas été entendus, et ne lui restait-il qu'à se renfermer dans sa
tente et à attendre les événements? L'abstention n'était pas dans la nature de son esprit, et son talent se développait dans la lutte. L'abstention, c'est la force des faibles; mais les forts puisent à d'autres sources
les résolutions qui les honorent.

Au commencement de 1831, Chateaubriand publia sa brochure de
la Restauration et de la Monarchie élective, et, un peu plus tard, celle
sur la proposition de M.M. Baude et de Briqueville relative au bannis-

sement de Charles X et de sa famille. Louables et infructueux efforts !
mais le passé ne peut revenir, et en dehors du parti royaliste qui accueillit ces écrits avec une véritable passion, ils n'eurent aucune influence
sur la marche des affaires, ni sur les résolutions du gouvernement ;
ils ne furent en réalité qu'une courageuse protestation. Il faisait une
violente opposition à l'ordre de choses sorti de la révolution de Juillet,
son langage était plein d'amertume, mais il n'abaissa jamais sa fierté
jusqu'à cacher ses opinions dans l'obscurité des conspirations et des
sociétés secrètes ; il résista sans peine aux sollicitations de l'esprit
de parti qui cherchait à l'entraîner dans une voie si contraire à sa
loyauté. Il refusa d'entrer dans le complot légitimiste de la rue des
Prouvaires et d'être président ou membre d'un gouvernement secret ;
il repoussa avec une grande hauteur toute mission occulte. S'il était un
ami fidèle, il était un adversaire loyal, et son dévouement s'arrêtait là où
commençait le sacrifice de sa dignité.

Cependant le parti royaliste s'était remis du coup qui l'avait frappé ;
la confiance lui était revenue en présence des nombreuses attaques
dont le nouveau gouvernement était l'objet ; au nom du droit de succession, au nom de ce principe imprescriptible qu'une émeute ou une
révolution n'avait pu anéantir, il proclamait la légitimité de toutes les
résistances contre une royauté qui lui semblait n'avoir pas même
pour elle la volonté nationale. Ces déclamations portèrent leurs fruits.

Des bandes royalistes parcouraient les départements de l'Ouest, ap-
pelant aux armes les populations des campagnes, excitant partout
des troubles, arborant le drapeau blanc et proclamant Henri V. Au
milieu de ce pays qui n'avait à cette époque d'autres moyens de communication que des chemins profondément encaissés, étroits et fan-
geux, où la propriété territoriale peu divisée appartenait encore, en
grande partie, aux descendants des hommes qui avaient fait les premières guerres de la Vendée, où les faits de cette guerre de géants, racontés au foyer des chaumières, étaient écoutés avec une curiosité su-
perstitieuse comme les récits légendaires des temps fabuleux ; au
milieu de ce pays où les armées manœuvrent difficilement et dont la
configuration est très-favorable à l'action des bandes détachées, la lutte

pouvait se prolonger longtemps, et la prise d'armes prendre les plus
larges proportions. Les blancs et les bleus étaient encore en présence,
avec leur vieil antagonisme ; si les campagnes semblaient bien disposées
en faveur de la légitimité, les villes et les bourgs se montraient favorables à l'ordre établi. Le gouvernement faisait de grands efforts pour
combattre les désordres ; il avait envoyé ses meilleurs généraux et ses
meilleurs soldats, et l'insurrection, comprimée dès son début, ne prenait
pas l'essor vigoureux sur lequel le parti royaliste avait compté.

Ce fut alors que d'imprudents amis, follement engagés dans cette
entreprise, appelèrent madame la duchesse de Berri, régente de France
pour Henri V, et l'invitèrent à venir se mettre à leur tête. Ils espéraient
que la présence de cette princesse donnerait du courage aux plus timi-
des ; que, de toutes les parties de la France, les royalistes se concentre-
raient dans les provinces insurgées et que l'armée royale, ainsi recrutée,
deviendrait une puissance avec laquelle le gouvernement serait trop
heureux de traiter. La princesse se rendit à ces instances, débarqua
sur les côtes de Provence, traversa sous un déguisement toute la
France, et arriva sur le théâtre de l'insurrection ; mais l'appel fait
aux royalistes fut à peine entendu ; la révolte ne s'étendit pas et il
fut bientôt évident, même pour les plus aveugles, que le succès était
impossible, que la lutte en se prolongeant ne pouvait amener que d'in-
calculables malheurs.

Le comité légitimiste, dont Chateaubriand était membre, fut prévenu trop tard de ces projets. Les hommes ardents du parti royaliste
l'accusaient de modérantisme et agissaient sans lui. Mais s'il ne put
combattre la résolution de Madame et l'empêcher de se jeter dans
cette entreprise irréfléchie, il faisait des efforts pour la décider à
partir. La princesse, dans un noble esprit de générosité, ne voulant pas abandonner ceux qui s'étaient compromis pour elle, s'obs-
tinait à rester en Vendée ; elle regardait comme un devoir de couvrir
les chefs de l'insurrection de sa responsabilité et de partager les dangers de tous. M. Berryer, au nom du comité légitimiste, voulut bien
se charger de remettre à madame la duchesse de Berri une note pour
la presser de s'éloigner au nom d'elle-même, au nom des chers intérêts

qu'elle était venue défendre ; de lui donner de vive voix toutes les explications dans ce sens qui lui paraîtraient nécessaires. Cette note, convenue entre tous les membres du comité, fut rédigée par Chateaubriand ; comme ses collègues, il jugeait la prise d'armes imprudente, surtout prématurée, et la présence de Madame, propre seulement à inspirer quelques dévouements inutiles. Son opposition passionnée lui laissait toute la liberté de son jugement, et il ne pouvait se dissimuler que le succès de l'insurrection était impossible, car elle avait contre elle les hommes sages et habiles du parti royaliste, toutes les forces du gouvernement et même l'opinion publique.

La police fut bientôt informée que M. Berryer avait vu Madame dans la nuit du 23 au 24 mai 1832; le célèbre avocat fut arrêté et une instruction commencée contre lui. En apprenant qu'il avait agi au nom du comité légitimiste, le procureur général près la cour de Rennes, qui dirigeait l'instruction, demanda à Paris, par dépêche télégraphique, l'arrestation de tous les membres du comité. Ce magistrat, effrayé de la violence du langage des partis dont la presse n'était qu'un faible écho, frappé de l'ardeur des passions royalistes, s'exagérant l'importance des bandes armées qui parcouraient les départements de l'Ouest, voyait déjà l'insurrection prendre les proportions des premières guerres de la Révolution. La responsabilité qui pesait sur lui était si grande qu'il ne put sans doute avoir assez de temps pour examiner dans le calme de sa conscience, dans le silence du cabinet, si la mission de M. Berryer était un nouvel appel à l'insurrection, ou si, au contraire, elle avait pour but l'apaisement des passions, ainsi que le célèbre jurisconsulte le déclarait et comme il aurait pu en fournir la preuve. La note du comité était très-pacifique... « Les populations des villes, disait le comité, sont presque toutes antilégitimistes. Une levée de boucliers n'aboutirait désormais qu'à faire saccager les campagnes... On pense que si la mère de Henri V était en France, elle devrait se hâter d'en sortir, après avoir ordonné à tous les chefs de rester tranquilles... Les sages amis de la légitimité, que l'on n'a jamais prévenus de ce que l'on voulait faire, qui n'ont jamais été consultés sur les partis hasardeux que l'on voulait prendre, et qui n'ont connu les faits que lorsqu'ils étaient accomplis, renvoient la responsabilité de ces faits à ceux qui en ont été les conseillers et les auteurs. Ils ne peuvent ni mériter l'honneur, ni encourir le blâme dans les chances de l'une ou de l'autre fortune. » Le comité légitimiste, loin de chercher à fomenter la guerre civile, ne voulait pas étendre son action au delà d'une opposition légale ; la liberté de discussion lui suffisait pour défendre ses principes et établir son influence ; il paraissait donc inattaquable ; mais l'agitation des esprits, la gravité de la situation des provinces de l'Ouest, la présence de M. Berryer sur le théâtre de l'insurrection, sa mission hautement avouée, l'émotion du procureur général lui-même, expliquent sa demande sans toutefois la justifier.

Le ministre de l'intérieur prit avec d'autant plus de regret une mesure qui avait un tel caractère de violence et de précipitation, que quelques-uns des hommes soupçonnés avaient été ou étaient encore ses amis ; son esprit juste lui conseillait plus de prudence ; mais la demande du procureur général était formelle, l'insurrection vendéenne était loin d'être comprimée, on s'attendait à une prise d'armes du parti républicain. Les circonstances étaient graves : tout délai pouvait compromettre la sûreté du gouvernement ; on craignait de laisser échapper aux investigations de la justice les traces du complot. L'hésitation eût pu être de la trahison, et le ministre de l'intérieur eut assez de dévouement et de courage pour accomplir son triste devoir. Il recommanda toutefois les ménagements que comportait la situation et les égards que méritaient les hommes dont l'arrestation était ainsi décidée.

Un commissaire de police se transporte au milieu de la nuit chez Chateaubriand, se fait ouvrir les portes, pénètre jusque dans sa chambre à coucher, lui déclare qu'il est porteur d'un mandat d'amener et qu'il l'arrête au nom de la loi comme prévenu de complot contre la sûreté de l'État. L'agent de la police fouille partout, lit tous les papiers, saisit tout ce qui lui tombe sous la main, emmène l'illustre écrivain à la préfecture de police et le dépose dans une espèce de cachot faiblement éclairé par une fenêtre grillée. Empressons-nous d'ajouter pour l'honneur du ministre, autant que pour rendre justice à la vérité, que l'accusé ne resta pas dans cette ignoble cellule, et que l'appartement du préfet de police lui servit de prison.

Madame de Chateaubriand fut au désespoir et manifesta les craintes les plus vives sur le sort réservé à son mari. Madame Récamier courut porter des consolations à la noble femme et s'empressa de solliciter en faveur de son ami tous les hommes influents avec lesquels elle était en relation. MM. Bertin ne restèrent pas inactifs ; M. Villemain exprima hautement sa désapprobation ; les journaux royalistes écrasèrent Chateaubriand de leurs louanges tardives, pour mieux accuser le gouvernement ; les journaux républicains redoublèrent de colère, et le *Journal des Débats,* dévoué à la politique du nouvel ordre de choses, réclama avec instance la liberté de celui dont l'amitié et la collaboration avaient fait sa gloire, et qui dans d'autres temps avait défendu les droits de la presse et de la liberté individuelle avec un dévouement et une éloquence qu'on n'a jamais surpassés ni même égalés.

Au milieu de l'agitation et des inquiétudes de ses amis, sûr de la probité de sa vie et de la loyauté de ses intentions, Chateaubriand resta calme... Il refusa absolument de répondre au juge d'instruction qui l'interrogeait avec une convenance parfaite et une fermeté respectueuse. Il ne reconnaissait aucun droit légal à l'agent d'un gouvernement contre lequel il ne cessait de protester; il laissa l'instruction suivre son cours sans y prendre aucune part. Malgré cette muette protestation, il fut rendu à la liberté après une quinzaine de jours de prison préventive, dont des soins obligeants et des égards de toutes sortes durent beaucoup diminuer l'amertume.

En sortant de prison, Chateaubriand se trouva de nouveau aux prises avec des créanciers très-pressés. M. Lafitte lui prêta 10,000 francs. Charles X eut quelque peine à lui faire accepter 20,000 fr., et son neveu lui avança une semblable somme de 20,000 francs. Avec ces secours il put arranger ses affaires les plus urgentes, et, reprenant ses projets d'émigration, il partit.

Les bords charmants du lac de Constance le retinrent quelques semaines ; ce fut alors que madame Récamier le présenta à madame la duchesse de Saint-Leu et à son fils le prince Louis-Napoléon Bonaparte. Il fut reçu avec une rare bienveillance au château d'Arenemberg ; il

dîna avec les illustres exilés, il fut l'objet des prévenances les plus gra-
cieuses et des plus honorables flatteries ; des relations s'établirent entre lui et le prince et survécurent à leur séparation. Des lettres furent échangées entre eux en diverses occasions, et un passage d'une
de ces lettres a acquis des événements qui ont suivi un certain caractère de révélation. Ce n'est pas au reste la première fois que nous
voyons s'entr'ouvrir le voile de l'avenir pour laisser pénétrer les regards
de l'illustre poëte dans cette nuit obscure. « Vous savez, prince, lui disait-il, que mon jeune roi est en Écosse, que tant qu'il vivra il ne peut
y avoir pour moi d'autre roi de France que lui. Mais si Dieu dans ses
impénétrables conseils avait rejeté la race de saint Louis, si les mœurs
de notre patrie ne lui rendaient pas l'état républicain possible, il n'y a
pas de nom qui aille mieux à la gloire de la France que le vôtre... »

Ceci était écrit en 1832. Nous avons vu depuis les Bourbons d'Orléans prendre le chemin de l'exil comme les Bourbons de la branche
aînée ; nous avons vu la France devenir une république, s'effrayer et se
dégoûter promptement de cette forme de gouvernement ; nous avons vu
enfin 10 millions d'électeurs acclamer un nouvel Empire, dont le prince
Louis-Napoléon fut proclamé le chef.

Chateaubriand, au milieu des distractions que lui apportaient les hommes et les incidents de son voyage, plein d'admiration pour le pays
qu'il parcourait, cherchait la vallée dans laquelle il devait dresser sa
tente, en attendant qu'il pût se créer un établissement définitif en Italie.
Déjà il avait oublié les affaires, déjà il croyait voir le rêve de toute sa
vie devenir une réalité. Mais, hélas ! les tristes événements du dehors
ou les nécessités de la politique remplaçaient promptement les espérances de l'avenir ou les jouissances du présent ! Il apprit un jour que
madame la duchesse de Berri, trahie, vendue, livrée par un misérable,
était tombée entre les mains des agents du gouvernement, et avait
été transférée dans la citadelle de Blaye, pour y être détenue jusqu'à
nouvel ordre. A cette nouvelle, supposant que son dévouement peut
être utile, il retourne à Paris et ajourne encore une fois l'exécution des
projets qui sont depuis plusieurs années l'objet de ses plus intimes
préoccupations. Ne doutant pas que Madame ne soit mise en jugement,

soit devant la cour des pairs, soit devant la justice ordinaire, il supplie
Son Altesse royale de le prendre pour défenseur. Il annonce immédiatement au ministre la proposition qu'il a faite et demande l'autorisation
de communiquer librement avec son auguste cliente, dans l'intérêt de
sa défense; cette autorisation lui est refusée, et alors il publie un mémoire sur la captivité de madame la duchesse de Berri.

La situation particulière de la princesse, les événements dont elle
avait pris la direction et assumé la responsabilité, l'agitation des partis, l'émotion des esprits, donnaient à ce livre un immense intérêt;
mais cet intérêt, tout d'actualité, s'est évanoui quand les circonstances
qui l'avaient fait naître ont été passées ; et nous ne nous souvenons
aujourd'hui que de quelques phrases échappées à l'oubli. L'exclamation sortie du cœur d'un sujet dévoué, plus encore que de l'esprit de
l'écrivain : « Madame, votre fils est mon roi! » est restée comme le cri
de ralliement du parti royaliste, et la dernière phrase de ce petit livre est
si belle et si touchante que nous ne pouvons nous refuser au plaisir de
la citer : « Hélas ! je me désole de ne pouvoir rien pour vos présentes
destinées! Mes paroles se perdent inutilement autour des murs de votre
prison ! Le bruit des vents, des flots et des hommes au pied de la forteresse solitaire, ne laissera pas même monter jusqu'à vous les derniers
accents d'une voix fidèle. »

Quelques journaux légitimistes ayant reproduit les passages les plus
significatifs de cette brochure et avec affectation la phrase : « Madame,
votre fils est mon roi! » furent déférés aux tribunaux, et Chateaubriand
se trouva enveloppé dans les poursuites. Il avait refusé de répondre à
un juge d'instruction dont le mandat lui semblait entaché d'illégalité ;
mais il vint incliner sa noble tête devant la majesté du pouvoir judiciaire
représenté par le jury, cette institution devant laquelle tous les partis se
sont inclinés tour à tour depuis soixante années. Éblouis par la gloire
de l'accusé, fascinés par des paroles dans lesquelles se révèlent tout
l'orgueil de son passé, charmés par son esprit libéral, les jurés, dans
leur omnipotence, écartèrent le fait incriminé et rendirent un verdict
d'acquittement. La foule que le bruit de ce procès avait rassemblée au
dedans et au dehors du palais de justice accueillit avec un enthou-

siasme extraordinaire cette sentence, et reconduisit l'accusé jusqu'à sa
petite maison de la rue d'Enfer, en applaudissant et en criant : Vive
Chateaubriand !

Le peuple ne voyait en lui ni l'homme de parti, ni le défenseur d'une
cause qu'il croyait n'être pas la sienne, ni l'ennemi du gouvernement ;
il voyait le grand citoyen et l'adversaire constant du despotisme. La
jeunesse des écoles, éprise d'admiration pour ses œuvres immortelles,
l'aimait, et tous s'inclinaient avec respect devant de fortes convictions
et de nobles sentiments ; l'issue de ce procès parut un échec pour la
politique du gouvernement et un triomphe pour le parti royaliste.

Peu de jours après ce petit événement, Chateaubriand reçut une
note et une lettre de madame la duchesse de Berri, encore détenue
dans la citadelle de Blaye ; la princesse chargeait son illustre défenseur de la pénible mission d'aller à Prague annoncer à Charles X
et à la famille royale son mariage secret avec le comte Lucchesi
Palli et de demander la grâce de conserver son nom et son titre. En
souvenir du duc de Berri, par affection pour la princesse et surtout par
dévouement au malheur, il accepta cette ambassade, la plus glorieuse de
toutes ses ambassades, comme il le dit lui-même ; et il aurait pu ajouter, celle qui présentait le plus de difficultés, soit à cause des dispositions peu favorables du roi, soit à cause des délicates questions qu'il devait traiter. Il partit donc pour négocier un nouveau pacte de famille ; ses
lettres de créance se composaient d'une lettre de madame la duchesse
de Berri pour madame la Dauphine, d'un billet pour les enfants et d'un
passe-port dont l'irrégularité lui causa quelques ennuis... Sa présence
au vieux château des anciens rois de Bohême ne fut certainement pas
agréable aux exilés. Charles X et le Dauphin le reçurent avec une af-
fabilité qui n'était ni un pardon, ni un oubli. Chateaubriand trouva la
cour triste, profondément divisée, unie seulement par le dévouement à
d'augustes infortunes. On regrettait les splendeurs du passé, on regardait l'avenir avec inquiétude, mais les yeux étaient toujours fermés. La
révolution de Juillet n'avait rien appris, on la considérait comme un ac-
cident, comme une émeute heureuse. Ce ne fut pas sans surprise que
l'illustre écrivain vit dans quelles voies on s'efforçait de diriger l'éduca-

tion de M. le duc de Bordeaux. Le roi, avec cette ténacité dont il avait donné tant de preuves, entourait le jeune prince d'hommes qui n'avaient nulle connaissance des aspirations de la société française et qui ne comprenaient pas que les rois avaient besoin pour régner de se faire pardonner leur puissance ; que les principes constitutionnels, entrés d'une manière définitive dans le droit public, étaient le plus ferme appui de la légitimité. Le seul homme qui avait habilement veillé sur l'instruction du prince, et qui avait la conscience des nécessités du présent, était en butte aux méfiances de presque toute la cour. Si Chateaubriand avait encore cru à la possibilité d'une troisième restauration, s'il avait conservé au fond de son cœur quelque espérance de voir Henri V remonter sur le trône de ses pères, tout ce qu'il vit, tout ce qu'il apprit fut de nature à lui enlever ses dernières illusions, et il revint bien convaincu que jamais son jeune roi ne porterait la couronne. Il dîna au château, assista au jeu du roi, mais on évita de le laisser seul avec les enfants. Son séjour à Prague fut de courte durée. A son retour, il s'arrêta à Carlsbad, où madame la duchesse d'Angoulême prenait les bains ; il lui remit la lettre de Madame, reçut une réponse courte, sèche et peu satisfaisante... Il revint, sans avoir été écouté et sans avoir rien obtenu.

Peu de temps après ce triste et pénible voyage, madame la duchesse de Berri fut remise en liberté et reconduite en Sicile. De là elle écrivit à Chateaubriand de venir la trouver à Venise. La princesse avait encore une fois besoin de son assistance et de ses conseils ; et lui, oubliant ses souffrances et ses déceptions, malgré ce désir de repos qui envahissait de plus en plus son âme, partit encore... Mais quand la princesse lui apprit qu'il s'agissait d'une nouvelle mission pour le roi, il se récria vivement et se défendit avec énergie. L'insuccès de sa première démarche prouvait le peu d'influence de l'ambassadeur ; mais Madame réclamait ce service avec de si vives instances qu'il se résigna ; jamais son dévouement ne fut mis à une plus rude épreuve. Il s'agissait, dans cette nouvelle mission, d'obtenir de Charles X un acte public constatant la majorité et les droits du duc de Bordeaux... Mais Charles X tenait singulièrement à rester, de fait, le chef de sa dynastie, comme il l'était par le droit de sa naissance, et le négociateur courait grand risque d'échouer dans cette seconde ambassade, comme il avait échoué dans la première... Il arrive... C'est à peine s'il peut faire reconnaître ses lettres de créance ; la cour des exilés fuyait Prague et se réfugiait à la campagne pour échapper aux empressements des royalistes qui venaient apporter à Henri V l'hommage de leur dévouement. Les représentants du parti légitimiste étaient froidement accueillis; madame la duchesse de Berri, qui avait demandé à voir ses enfants, avait reçu défense de se présenter à la cour. Charles X était souffrant... L'ambassadeur put le voir cependant, n'obtint rien et, après une conversation aussi courte qu'insignifiante, le roi lui dit en lui frappant familièrement sur l'épaule: « Où allez-vous à présent? » Il lui avait dit naguère avec plus de dignité et d'une manière plus grave : « Quand retournez-vous à Rome ? » Décidément Chateaubriand était un importun, à Prague, à Butschirad, comme à Paris. Charles X, dans la sérénité de son âme, dans le calme de ses convictions, n'attribuait les malheurs de sa famille, ni aux aveugles conseillers qui l'avaient poussé dans une si déplorable voie, ni au manque de sagesse et de prévoyance de son gouvernement, encore moins peut-être à l'incapacité de ses ministres ; il en accusait l'esprit révolutionnaire. Il ne pardonnait pas à Chateaubriand les avertissements du ministre, les prédictions du citoyen, les colères de l'écrivain et de l'orateur ; il croyait plus à son ambition qu'à son dévouement ; il regardait son opposition comme une révolte contre l'autorité et faisait remonter jusqu'à lui, par une étrange confusion, les causes de la révolution de Juillet.

L'illustre écrivain a raconté dans ses Mémoires ses deux voyages à la cour de Charles X ; il est entré dans des détails curieux sur ce qu'il a vu, mais il a peu été au fond des choses : il s'est arrêté entre le désir de ne pas blâmer son vieux roi que des malheurs supportés noblement rendaient plus respectable encore que sa dignité, et la crainte de paraître approuver un système qu'il croyait mauvais. Son récit, qui ne manque pas d'intérêt, a le tort, selon nous, de ne pas être assez sérieux, et déguise mal le mécontentement qu'il éprouva de ne pas avoir été reçu avec plus d'effusion. Son dévouement était bien désintéressé sans doute, mais on oubliait volontiers ses services pour ne se souvenir que de son opposition.

Chateaubriand, plus tard, fut deux fois appelé, à Londres et à Venise, par le duc de Bordeaux, devenu roi par la mort de son grand-père et de son oncle, pour assister aux grandes assises royales que le prince tint successivement dans ces deux villes. Il était la parure de la légitimité, et cependant entre les royalistes et lui il n'y avait de commun qu'un principe ; dans tout le reste il était profondément séparé d'eux. Une femme de l'esprit le plus éminent, une reine a écrit avec raison qu'il était plutôt l'adversaire que l'ami de son propre parti.

Nous avons raconté sans interruption tout ce qui, dans cette troisième partie de la vie de Chateaubriand, tient de près ou de loin à la politique, et nous allons revenir à l'écrivain.

Chateaubriand publia en 1831 une nouvelle édition de ses œuvres complètes ; il ajouta aux ouvrages déjà connus les discours et les articles de journaux prononcés ou publiés par lui sous la Restauration, un *Essai sur la littérature anglaise* et la traduction du *Paradis perdu* de Milton.

Le bruit de la chute du trône de Charles X allait en s'affaiblissant d'écho en écho à travers le monde, mais la France était encore profondément émue, la guerre civile était à peu près partout, l'émeute était en permanence dans les rues de Paris, les esprits étaient dans un état d'effervescence telle que l'on redoutait une nouvelle révolution. Le moment de publier des œuvres littéraires était donc peu favorable, mais Chateaubriand n'avait pas la liberté du choix. Sa pauvreté, ses engagements lui faisaient une loi de vivre de ses œuvres. Ce que cette publication avait d'inconnu ne put exciter la curiosité publique et la détourner de plus graves préoccupations ; le nom de l'auteur lui-même fut impuissant à créer un grand succès; cependant l'*Essai sur la littérature anglaise* fut remarqué, mais le mot à mot du *Paradis perdu* fit regretter que le génie de l'écrivain français se fût assujetti à un travail aussi ingrat. L'aigle, dans sa force, a besoin pour développer son vol de la liberté des cieux, et l'imagination de Chateaubriand, enchaînée dans son essor par un vulgaire travail, perdait sa puissance et son éclat.

Quatre ans après, il publia *le Congrès de Vérone*, ouvrage remarquable à plus d'un titre ; malheureusement cette histoire d'une assemblée qui décida un des événements les plus considérables de la Restauration a perdu beaucoup de son intérêt par les nombreuses coupures qui y ont été faites au moment de sa publication : ce n'est pas la vérité tout entière, c'est seulement une partie de la vérité. — Chateaubriand pensait que dans les choses du gouvernement tout pouvait et devait se dire ; en ce qui le regardait personnellement, il ne voulait rien cacher. Mais l'ouvrage communiqué excita des murmures, souleva des objections, et, dans la crainte de jeter de nouveaux éléments de discorde dans le parti royaliste, dans le but de sauvegarder quelques réputations ou quelques amours-propres, il consentit à supprimer de nombreux passages et des documents importants : l'œuvre fut réduite à près de moitié. L'ouvrage complet avait été vendu 80,000 francs ; le sacrifice fait à la paix, à des convenances particulières lui coûta 40,000 francs. Ce sacrifice a-t-il été bien connu ? a-t-il été apprécié hautement par ceux auxquels il a dû profiter ? Peu importe. Chateaubriand obéissait avant tout aux inspirations de ses bons sentiments. Il est probable que les suppressions ont porté sur les passages qui devaient le plus intéresser la curiosité publique, et donner plus de piquant à cette lecture. Nous ne voulons pas parler ici de ce qui est relatif au traité secret que l'on a supposé avoir été signé à Vérone par Chateaubriand pour la France et par les représentants de l'Autriche, de la Prusse et de la Russie. Ce traité n'a jamais existé, c'est une fable inventée par la presse anglaise, que Chateaubriand a trouvé indigne de lui de démentir. Un jour viendra, nous l'espérons, où *le Congrès de Vérone* sera publié dans toute sa vérité. Alors nous pourrons juger de l'importance des modifications qu'il a subies et nous rendre un compte exact de l'œuvre patriotique que Chateaubriand a poursuivie devant cette grande assemblée. Tel qu'il est, *le Congrès de Vérone* n'en est pas moins un ouvrage très-recommandable. L'auteur y est toujours à la hauteur des sujets qu'il traite successivement ; il passe avec une habileté infinie de la gravité de l'histoire à la légèreté du genre anecdotique ; son style est tour à tour élevé et gracieux ; sa plume obéissante prend la fermeté des convictions de l'homme d'État ou la grâce de l'homme du monde ; l'écrivain s'inspire du grand rôle qu'il a joué sur ce théâtre où s'étaient réunis comme acteurs ou comme comparses quelques-uns des souverains de l'Europe et les hommes les plus éminents de cette époque. Le génie de Chateaubriand se montre, dans cette intéressante narration, dans toute la force de la meilleure époque de sa jeunesse, et la pratique des affaires publiques, la maturité de l'âge ont donné à sa manière quelque chose de pur et d'achevé que l'on regrette de ne pas trouver dans ses premiers ouvrages. Le récit est suivi ou entrecoupé de lettres et de documents fort curieux, qui font connaître les hommes et les choses de ce temps-là.

Plus tard, en 1844, trop tard, hélas! il publia *la Vie de Rancé*... C'est le déclin d'une laborieuse existence; le travail est devenu pénible, l'intelligence s'est affaiblie, les inspirations du génie ont expiré sous les coups des mécomptes et des déceptions plus encore peut-être que sous les glaces de l'âge! A une autre époque, la vie de cet homme qui a quitté la cour la plus brillante du monde pour aller se consumer dans les austérités du cloître, de cet homme remplaçant la grande passion qui a dominé son cœur par la pensée de Dieu, aurait inspiré d'éloquentes pages à l'auteur du *Génie du Christianisme!* L'ouvrage a été entrepris à la prière d'un prêtre auquel il ne pouvait rien refuser, et peut-être ne se fit-il jamais illusion sur le mérite littéraire de *la Vie de Rancé.*

Il nous reste à parler des *Mémoires d'Outre-Tombe*. Ils furent publiés quelque temps après la mort de l'auteur, d'abord en feuilletons dans le journal *la Presse* vers la fin de 1848, puis en volumes pendant les années 1849 et 1850.

Chateaubriand commença à écrire ses mémoires dans le silence de la Vallée-aux-Loups en 1811; il les a continués à travers les différentes phases de sa vie, et ils furent terminés seulement en 1846. Ils n'ont pas été composés jour par jour, en forme de journal et au fur et à mesure que les événements se produisaient. Aussi les horizons changent, suivant le point de vue où l'écrivain se trouve placé. Tantôt, comme à la Vallée-aux-Loups, il subit un joug qu'il déteste; tantôt, comme à Berlin et à Londres, il est riche, puissant, heureux; d'autres fois, il est triste et pauvre : le vent de l'adversité a soufflé sur lui. « Les rayons de mon soleil, a-t-il dit, se croisant et se confondant, ont produit dans mes

récits une sorte de confusion, ou, si l'on veut, une sorte d'unité indéfinissable. Mon berceau a de ma tombe, ma tombe a de mon berceau; mes
souffrances deviennent des plaisirs, mes plaisirs des douleurs, et je ne
sais plus, en achevant de lire ces mémoires, s'ils sont d'une tête brune
ou chenue. » Cette œuvre, que l'auteur voulait rendre digne de la postérité à laquelle il l'adressait, a été souvent corrigée, revue et retouchée
avec un soin extrême : chaque mot est placé avec une intention marquée, chaque expression répond à une pensée réfléchie. La mémoire
fort heureuse du poëte l'a bien servi ; les faits sont en général présentés
avec exactitude, mais les appréciations ne sont pas toujours celles du
premier moment ; les récits ont plus ou moins d'importance, suivant
l'époque où ils sont racontés ; les opinions sont modifiées suivant les
impressions qui ont présidé aux retouches ; ajoutons cependant que les
corrections ont plus souvent porté sur le style et sur les appréciations
que sur le fond des choses.

Dans ces réunions intimes qu'il aimait tant, qu'il recherchait avec
une sorte de passion, chez madame Récamier, Chateaubriand avait lu de
nombreux fragments de ses mémoires aux personnes qui composaient
son cercle habituel. Plus tard, chez lui, dès qu'une voix amie lui en
faisait la demande, dès qu'un mot tombé par hasard dans la conversation
lui remettait en mémoire une des circonstances de sa vie, il se levait,
il allait chercher son œuvre de prédilection, renfermée dans une armoire placée au pied de son lit et dont il avait toujours la clef sur lui,
et il lisait ce qui pouvait plaire, ou ce qui avait rapport au fait dont
on venait d'éveiller en lui le souvenir. D'autres fois, il priait une des
personnes présentes de lire, et il paraissait écouter avec intérêt ces récits
de son passé. Assister à une de ces lectures était une faveur rarement
accordée en dehors du petit nombre d'amis qui composaient sa société de
tous les jours et dont on était tout fier. Mais, franchissant le cercle
étroit dans lequel ils semblaient devoir être renfermés longtemps encore, les *Mémoires d'Outre-Tombe* faisaient grand bruit dans le monde ;
les journaux, les revues, les recueils périodiques, les salons retentis-
saient du bruit de ces lectures ; on ne tarissait pas sur les merveilles
de cette œuvre. Sa publication devait faire époque, comme aux premiers jours du siècle l'apparition du *Génie du Christianisme*.

Une société formée non-seulement dans un but de spéculation, mais encore avec l'intention de venir en aide à l'honorable indigence de l'illustre écrivain, proposa d'acquérir la propriété des *Mémoires d'Outre-Tombe ;* Chateaubriand eût désiré les léguer à sa famille et que la publication n'en pût être faite que cinquante ans après sa mort, soit pour éviter des récriminations, soit pour donner à ses jugements la sanction du temps. Mais, quelles que fussent les raisons d'un semblable ajournement, la société ne put accepter une échéance aussi éloignée et il se décida à traiter avec elle, à la condition toutefois que la publication des mémoires ne pourrait être faite qu'après sa mort.

Ce fut avec un vif chagrin qu'il consentit à *hypothéquer sa tombe,* mais ce sacrifice lui était commandé par l'état de sa fortune et surtout par le désir d'assurer l'avenir de madame de Chateaubriand, qui, selon les lois de la nature, devait lui survivre.

Par suite d'arrangements regrettables avec la société, *la Presse,* quelques mois après la mort de l'auteur, commença la publication des *Mémoires d'Outre-Tombe.*

Nous avons vu avec peine une œuvre littéraire de cette importance paraître en feuilletons, comme ces romans sans mérite littéraire, qui naissent chaque jour pour tomber le lendemain dans l'oubli ; nous avons éprouvé une espèce de honte à voir les confidences de la vie la plus intime de Chateaubriand prostituées chaque matin à la curiosité et à la critique des lecteurs d'un journal. Lui-même, nous en sommes sûr, en eût éprouvé un grand chagrin ! Ce mode de publication, si nuisible à l'effet de toute œuvre sérieuse, a peut-être été une des causes de l'insuccès des *Mémoires d'Outre-Tombe.*

Chateaubriand n'avait sans doute pas encore épuisé l'admiration ; la popularité de son nom ne s'était pas affaiblie, nous en avons eu la preuve lors de ses obsèques ; cependant les *Mémoires* n'excitèrent ni l'enthousiasme que ses écrits inspiraient naguère, ni cet intérêt qui s'attache aux récits des événements de notre époque. Ils soulevèrent de vives critiques, la personnalité de l'auteur fut attaquée sans ména-

gements et quelquefois sans justice ; on lui reprocha des indiscrétions
fâcheuses, un parti pris de dénigrement ; on défendit avec passion des
hommes, disait-on, maltraités sans raison. Les royalistes ne lui pardon-
nèrent ni le dédain qu'il montrait pour eux, tout en servant leur cause,
ni son manque de foi dans l'avenir de la monarchie, ni son peu de respect et d'admiration pour les princes et pour les rois. L'oubli de quelques
noms fut mal interprété, on fut sans pitié pour les défauts et quelques
voix éloquentes protestèrent seules contre ces injustices... Puis au
milieu de l'agitation des partis, des inquiétudes des honnêtes gens,
des émotions du mouvement politique, le bruit s'apaisa et la publication des *Mémoires* s'acheva dans l'indifférence du public.

Sans nous laisser éblouir par le nom de Chateaubriand, sans nous
dissimuler la gravité de certains reproches, ses *Mémoires* nous semblent dignes d'exciter la curiosité et l'intérêt à un haut degré ; le talent
de l'écrivain y est incontestable, et leur mérite littéraire ne le cède
qu'à leur valeur historique. On y rencontre d'utiles renseignements sur
les choses et sur les hommes. Poëte et publiciste, tour à tour il nous
entraîne dans les champs fleuris de la poésie, ou nous conduit dans
les chemins arides de la politique ; la satire de tout ce qui est vain et
ridicule s'y mêle à l'admiration de tout ce qui est grand ; il s'incline
devant le malheur, il se redresse devant le succès. Sans doute, et
cette observation est plus vraie quand il parle des hommes que quand
il raconte les événements, ses jugements ne sont pas toujours le résultat d'un examen impartial ; ils font plus d'honneur à son esprit qu'à
son caractère ; il voit souvent à travers le prisme de ses passions,
mais il n'a pas écrit l'histoire, il a écrit ses impressions. On rencontre
dans ces volumes des appréciations d'une grande vérité ; on y découvre
un sens pratique remarquable, et c'est là enfin qu'il faut chercher non
pas les actions de sa vie publique, elles sont écrites à chacune des
pages de l'histoire contemporaine, mais les secrets de sa vie intime et
les pensées de son cœur autant qu'elles peuvent intéresser le public. Il
ne dissimule rien de ce qui le touche personnellement ; il se montre tel
qu'il est et peut-être pis.

Chateaubriand est un des hommes de notre époque qui a excité le plus de jugements divers et opposés. Le citoyen, le poëte, le publiciste, l'homme d'État a successivement été loué ou attaqué, presque toujours, à un point de vue exclusif : le dénigrement ou l'admiration. Cependant la noblesse de ses sentiments couvre ses erreurs; les défauts de son caractère et de son cœur trouvent leur contre-poids dans d'éminentes qualités; les défectuosités de ses ouvrages sont noyées dans des beautés de premier ordre; les fautes de l'homme d'État sont dissimulées par l'éclat du génie et la grandeur des conceptions.

Chateaubriand, écrivain de la grande école, apparaît aux uns avec une auréole de gloire et de passion, avec tout ce que la poésie peut donner de charmes et de séductions, avec tout le prestige d'un nom illustré par les plus honorables travaux et par d'immortels ouvrages.

Quelle femme de ce siècle ne s'est pas éprise pour les œuvres et un peu peut-être aussi pour l'auteur inconnu, d'une de ces passions où l'imagination tient la place du cœur? Quel est l'homme qui ne se souvient, jeune alors, d'avoir veillé bien tard au milieu du silence de la nuit, pour lire un de ces livres qui ont été dans toutes les mains, qui sont dans toutes les bibliothèques, qui vivent dans toutes les mémoires? Pour ceux-là encore, sa carrière politique, couronnée par son dévouement à une cause perdue, est un nouveau sujet d'admiration.

Pour d'autres, au contraire, il a gâté les qualités de son esprit et de son cœur par l'abus qu'il en a fait; ses ouvrages ont ouvert la voie à une littérature peu sérieuse; il a fait école, mais ses imitateurs se sont perdus par une affectation de mauvais goût; ils ont eu ses défauts, et n'ont pu conquérir ses qualités; son style est l'antithèse de celui des grands écrivains du XVIIᵉ siècle; en politique il a mis son orgueil et ses passions à la place de la raison et du dévouement; il a sacrifié la monarchie à une blessure de son amour-propre.

L'esprit de parti est aveugle et discute rarement de bonne foi; le fâcheux penchant qui nous entraîne, soit par système, soit par envie, à abaisser tout ce qui est grand, l'examen peu réfléchi des faits, ont contribué à établir l'opinion que la conduite politique de Chateaubriand

avait été empreinte de versatilité et d'inconséquence. Ce reproche est-il
sincère et surtout est-il mérité? Nous avons fouillé dans sa vie pour
en résumer les principales circonstances; nous avons cherché dans
tous ses ouvrages, et, si l'on en excepte l'*Essai sur les Révolutions*,
nous n'avons trouvé nulle part la justification dont cette opinion paraît
avoir besoin. Chateaubriand n'a jamais cessé de défendre la légitimité,
d'aimer la liberté et d'être bon catholique ; ce qu'il a attaqué, toujours
et partout, ce sont les abus et les excès : les abus qui perdent les gouvernements, les excès qui compromettent la liberté et font tort à la
religion. Nous ne prétendons pas toutefois qu'il ait défendu ces chers
intérêts avec toute la modération nécessaire; nous convenons qu'il a
été souvent violent et emporté, qu'il a dépassé en beaucoup de circonstances le but qu'il voulait atteindre. Mais ce que nous affirmons,
c'est l'unité de ses principes.

Nous ne nous sommes pas créé un Chateaubriand de fantaisie pour
l'admirer à notre aise; l'homme sans imperfections serait la créature
de notre imagination; l'humanité n'est pas ainsi faite; nous voulons
montrer l'illustre écrivain tel que nous le voyons, avec ses qualités et
ses défauts, ses torts et ses belles actions. Nous n'avons pas besoin de
laisser quelques traits dans l'ombre et d'en mettre d'autres dans un
jour plus vif, nous l'aimons tel qu'il est, tel que l'aime la foule. Nous
croyons que sa vie honore l'humanité autant que ses ouvrages honorent la littérature française.

Le soleil, phare immense placé par la main de Dieu au sommet du
firmament pour éclairer le monde, n'est pas pour tous l'astre brillant
et pur que nous croyons; le savant y découvre des taches qui en ternis-
sent l'éclat, sans diminuer l'admiration qu'il inspire.

La vie et les écrits de Chateaubriand semblent liés d'une manière indissoluble; ses œuvres sont un reflet de son caractère et de ses sentiments.
Buffon disait naguère : « Le style, c'est l'homme même; s'il est élevé,
noble, sublime, l'auteur sera également admiré dans tous les temps, car
il n'y a que la vérité qui soit durable et éternelle : or, un beau livre n'est
tel que par le nombre infini de vérités qu'il contient. Toutes les beautés

intellectuelles qui s'y trouvent, tous les rapports dont il est composé sont autant de vérités aussi utiles et peut-être plus précieuses pour l'esprit humain que celles qui peuvent faire le fond du sujet. » En lisant ce passage du discours de réception à l'Académie française d'un des plus élégants prosateurs du XVIIIᵉ siècle, on pourrait croire que Buffon avait pressenti Chateaubriand : tant ces mots s'appliquent heureusement à lui ! L'ampleur et la majesté de ses périodes égalent souvent la grandeur et la beauté de son sujet ; son style est à la fois clair et élevé ; il présente toujours sa pensée de la manière la plus frappante et reproduit avec un incroyable bonheur ses fortes croyances et les merveilles de son imagination, ce que son intelligence a de dogmatique, ce que son âme a de poésie ; il s'élève au souffle de ses inspirations patriotiques, il prend la couleur des différentes phases de l'odyssée de sa vie ; il se transforme, se modifie, s'assouplit, s'élève ou s'abaisse dans son unité, avec une variété infinie de formes et d'images.

Ce n'est pas sans raison toutefois que l'on a reproché à la jeunesse de Chateaubriand un langage dont l'affectation n'était pas soigneusement écartée. C'est ce que l'on peut appeler sa première manière. Mais l'expérience est venue, les taches ont disparu, le style s'est épuré ; le génie, comme toutes les choses humaines, a ses degrés, il se perfectionne, et, dans l'essor de son vol audacieux, Chateaubriand a plané au-dessus de la littérature du XIXᵉ siècle : romantique par les créations, classique par la pureté et l'élégance. L'homme d'État a pratiqué les opinions de l'écrivain ; le publiciste, même dans ses erreurs, comme le ministre dans ses tendances, a toujours été animé de l'amour du bien public. C'est dans l'honnêteté de cet accord des écrits et des actes, plus encore que dans la grandeur des conceptions, qu'il faut chercher le secret de l'influence qu'il a exercée sur la politique de la Restauration, soit qu'il ait été au pouvoir, soit qu'il ait été dans l'opposition. Cette influence, en général, a été bonne et utile, parce qu'il a toujours défendu, dans son chevaleresque langage, les lois outragées, la liberté menacée, la religion méconnue. La loi, la liberté, la religion, sublime trilogie ! Heureux l'homme dont l'histoire est le développement de tels principes !

Le reproche que l'on a le plus souvent et le plus généralement fait à Chateaubriand, c'est d'avoir été dominé par un amour-propre excessif... Mais pendant cinquante années, Chateaubriand a tenu une grande place non-seulement dans sa patrie, mais encore en Europe; il a eu presque toutes les gloires; il a été le premier écrivain et le plus habile publiciste de son temps; il a dirigé avec quelque succès les destinées de la France; il a joui de la popularité la plus rare, celle que donnent les salons et celle que le peuple accorde; est-il donc si coupable de s'être estimé lui-même un peu haut et d'avoir fièrement porté sa renommée ? La modestie, sans doute, sied bien à toutes les fortunes, c'est une des qualités les plus précieuses du cœur; nous l'aimons beaucoup chez les autres, mais la pratiquons-nous souvent? notre amour-propre ne se cache-t-il jamais sous son voile ? Nous ne blâmons pas, quant à nous, l'illustre poëte de s'être trop aimé lui-même, mais nous lui reprochons de n'avoir pas assez aimé son prochain et de ne pas avoir suffisamment pratiqué cette douce vertu que le christianisme appelle la charité. Il a été peu indulgent pour les erreurs et les fautes de ceux qu'il a rencontrés sur la scène du monde. La louange s'est rarement trouvée sous sa plume; il a peu ménagé ses amis, il a parlé avec réserve de ses rivaux, il n'a pas assez rendu justice à ses adversaires. Plus rêveur que sensible, ses affections les plus chères n'ont pas été exemptes d'une certaine sécheresse de cœur, c'est encore lui qu'il aimait dans les autres. « Chez ces génies qui expriment si bien le sentiment, disait l'aimable auteur d'*Ourika*, le sentiment réside peu. Ils n'aiment guère que les chimères qu'ils ont créées. Ils savent qu'on les aime et qu'ils n'ont pas même besoin de la réciprocité. » Aucun homme n'a eu plus de ces faiblesses pour lesquelles le monde est indulgent ou sévère, suivant le caprice du moment; mais ces faiblesses ont eu un caractère de poésie et de passion qui en a dissimulé les torts. Il a été fidèle à l'amitié, et la mort seule a pu rompre un lien qui a fait le bonheur des vingt-cinq dernières années de sa vie. Un des traits les plus saillants de son caractère, c'est l'ennui et le dégoût de toutes choses. « Tout me lasse, disait-il, en se promenant sous les ombrages du parc de Kensington, je remorque avec peine mes ennuis et mes jours, et je vais partout bâillant ma vie. » Et quand il parlait ainsi, il était ambassadeur et occupé des plus grandes affaires. Sa réponse à une demande ou à une objection était un invariable : « Comme il vous plaira. » Passionné à l'excès et indifférent à tout ! quel inexplicable contraste !

Devant les contemporains et devant la postérité, il s'est drapé dans sa gloire et dans son orgueil ; l'homme a été aussi fier, aussi indomptable que le style de l'écrivain a eu d'élévation et d'ampleur ; mais devant ses amis il a laissé tomber son masque d'emprunt. Il est impossible alors de se montrer plus aimable. Autant le poëte était éclatant d'imagination et de grandes pensées, autant l'homme retiré au milieu des amitiés qu'il s'était faites était simple, naturel et doux. Le nom de Chateaubriand est au niveau des plus grands noms, il impose l'admiration, et que l'on nous permette de nous servir d'une expression familière qui n'est pas de nous, mais qui rend exactement notre pensée : « Dans l'intimité il était impossible de ne pas aimer le bon homme ! Il était un conteur charmant, il avait une mémoire fort heureuse, il citait volontiers les auteurs anciens et modernes, les prosateurs comme les poëtes, mais plus volontiers les poëtes ; il se plaisait à rappeler les auteurs qui ont présidé en France à la renaissance des lettres ; la naïveté de leur langage, la simplicité de leurs formes le séduisaient singulièrement. Il savait beaucoup de choses, il avait recueilli un grand nombre d'anecdotes et il les disait avec un entrain et une verve remarquables ; les discussions élevées avec les hommes distingués ne lui déplaisaient pas, mais il recherchait de préférence la conversation des femmes ; le babil des enfants le charmait.

Il avait le culte du beau, son imagination s'enflammait à la vue des grands effets de la nature, sublimes créations de Dieu ; il en sentait vivement les beautés, c'est pour cela qu'il les a si bien décrites. Il fut émerveillé de la luxuriante végétation de la jeune Amérique et des grands paysages qu'il y rencontra. En parcourant le vieux monde, son cœur fut profondément ému à l'aspect désolé de ces contrées de l'Orient qui portent les stigmates du déicide dont elles furent les muets témoins. Il admirait les ouvrages des hommes, les monuments qui jonchent le sol de l'Italie et de la Grèce, ceux de la Grèce surtout, où le goût des anciens se révèle dans toute sa pureté, et l'architecture gothique, qu'il a réhabilitée parmi nous et qui fut la plus magnifique expression du sen-

timent religieux des populations du moyen âge. On sait quels transports d'enthousiasme lui inspira l'Alhambra, qui semble avoir été bâti
par des génies pour servir de demeure aux fées : tant l'immensité du
monument montre de puissance et cache de mystères ! tant les formes
et les couleurs, habilement combinées, y révèlent de fantaisies et de
caprices !

Il aimait les arts, il en était l'appréciateur intelligent. Pendant son
ambassade de Rome, il fut un chercheur infatigable d'antiquités ; il fit
opérer des fouilles dans l'espoir de doter sa patrie de quelques chefs-
d'œuvre de plus. Les artistes français qui vinrent alors s'inspirer aux
sources les plus pures de l'élégance et de l'harmonie trouvèrent en lui
un protecteur éclairé, nous devrions dire un ami; il éleva un monument à la mémoire trop oubliée de notre Poussin, dont le génie nova-
teur lui plaisait, parce qu'il avait peut-être quelques traits de res-
semblance avec son propre génie.

Il avait une égale admiration pour les écrivains de l'antiquité et pour
ceux du xviie siècle. Dans son *Génie du Christianisme* il a rendu hommage à nos grands écrivains classiques. Ils ont dû leurs plus belles
pages au sentiment religieux. Ceux mêmes que l'incrédulité avait frappés
d'aveuglement ont puisé dans la religion d'admirables inspirations ;
mais ce que ceux-là ont cherché, beaucoup d'autres l'avaient heureusement trouvé dans leur foi. Cette élévation de la pensée vers l'infini et
vers l'idéale beauté est un des caractères saillants du génie de Chateaubriand : cet attribut est le résultat d'une intuition secrète des
croyances divines qui ont entouré son berceau et qui se sont révélées à
lui au contact des douleurs de la vie.

Il aimait à lire les tragiques français; nul ne leur rendait un culte
plus sincère : il les croyait sans rivaux. Il écoutait avec ravissement
leurs habiles interprètes; il avait coutume de dire que l'homme qui
n'avait pas entendu Talma ne connaissait pas la tragédie.

Qu'on nous permette de citer deux anecdotes qui fournissent les
preuves de cette disposition de son esprit. Nous avons trouvé la pre-

mière dans la quatrième partie de l'*Itinéraire*; nous empruntons la seconde à M. de Marcellus.

Le soleil se couchait derrière Jérusalem; l'ombre, descendant des montagnes de la Judée, étendait son voile transparent sur cet amas de ruines. Chateaubriand, seul, n'ayant avec lui que son janissaire, s'arrête au pied du tombeau du saint roi Josaphat, au bord du torrent du Cédron et en face de ce qui fut le temple de Dieu... Les gloires, les crimes et le châtiment de Jérusalem se présentèrent tour à tour à son esprit. Oppressé par ses pensées, frappé de la grandeur du spectacle qu'il lui est donné de contempler encore une fois avant de quitter pour toujours la terre sainte, il ouvre un volume de Racine et se reprend à lire *Athalie*... Quel interprète, quelle poésie, quel théâtre! Chateaubriand, Racine, Jérusalem, le poëte classique a-t-il jamais reçu un plus éclatant hommage?

L'auteur du *Génie du Christianisme*, après avoir cité quelques passages d'*Athalie* en rapport avec sa situation, ajoute : « La plume tombe des mains, on est honteux de barbouiller du papier après qu'un homme a écrit de pareils vers! » Que devrions-nous dire nous-même? Mais nous n'écrivons que pour déposer nos hommages aux pieds d'un homme de génie.

Quarante années plus tard, dans le salon de madame Récamier, où toutes les célébrités se faisaient une gloire de paraître, mademoiselle Rachel, encore à ses débuts, venait de réciter la prière d'Esther. Chateaubriand, confondant dans un même sentiment d'admiration le poëte et la tragédienne, se soulève sur ses genoux tremblants, et s'approchant de l'admirable actrice : « Quel chagrin, lui dit-il d'une voix affaiblie, de voir naître de si belles choses quand on va mourir! — Mais, monsieur le vicomte, lui répondit l'artiste, il y a des hommes qui ne meurent jamais. » Cette admiration passionnée pour les classiques n'a pas empêché le génie de Chateaubriand de suivre des voies nouvelles, mais l'école dont il fut le créateur n'a jamais été, comme quelques-uns de ses adeptes l'ont prétendu, la négation des grandes œuvres de la littérature du temps passé.

Chateaubriand n'a dû le grand rôle qu'il a joué dans le monde, ni à
des intrigues de cour ou de parti, ni à de hautes affections, ni au
hasard des combinaisons politiques ; le talent de l'écrivain, l'éloquence
de l'orateur, la probité des opinions du citoyen ont été sa seule force ; il
n'a rien dû aux autres. Il parle avec affectation de son dédain des grandeurs ; mais la forme seule est affectée, le fond est vrai : il trouve la source
de ce dédain dans le sentiment de sa valeur ; le pouvoir ne le faisait pas
monter, la disgrâce ne le faisait pas descendre. Il puise encore ce dédain dans la simplicité de ses habitudes ; s'il aimait le faste, c'était par
occasion, par nécessité de position. Pour un bal ministériel, pour une
fête d'ambassadeur, il eût volontiers dépensé le revenu d'une année ;
il donnait sans jamais consulter ses propres besoins et en obéissant aux
inspirations du moment ; on comprend qu'il ait toujours été pauvre.

Les Bourbons n'ont pas eu de sujet plus fidèle, mais il ne s'est jamais
abaissé jusqu'à dissimuler une vérité utile, parce qu'elle pouvait être
désagréable à entendre. Il n'a pas été flatteur dans le temps de la prospérité, et s'il fut courtisan au jour du malheur, ce ne fut jamais en aban-
donnant ses principes, ou en caressant des erreurs et des passions.

Sa brillante imagination, ses inspirations patriotiques ont exercé une
puissante fascination sur les hommes de son époque. Sa parole a quelquefois entraîné la France dans des voies nouvelles ; il a pesé d'un
grand poids sur les principaux événements de la Restauration.

Cependant la carrière de l'homme d'État n'a pas jeté un éclat aussi
vif que celle de l'écrivain ; l'homme d'État était sans doute moins
complet. On ne peut lui refuser avec l'amour de la patrie, ni le génie
des hautes conceptions, ni la fermeté des résolutions, ni l'intelligence
des besoins des sociétés modernes, ni la prescience de l'avenir ; mais il
n'avait pas le génie patient qui sait attendre, qui compte les obstacles
et n'en néglige aucun, qui s'applique aux moindres détails, comme aux
choses les plus élevées. Devant les puissants, et ceci est peut-être plus
un éloge qu'un blâme, il n'a pas daigné assouplir les aspérités de
son caractère. M. de Villèle disait : « On ne peut gouverner avec lui
ni sans lui. » Le mot n'est pas exact, mais il peint les difficultés que

faisaient naître la fermeté de ses convictions et l'orgueil de ses principes. La contrainte lui était insupportable, la dissimulation lui semblait une lâcheté : la contrainte, la dissimulation sont des nécessités qu'il ne comprenait pas. Ses projets étaient vastes, son but était glorieux, son esprit planait dans les sphères les plus élevées de la politique, et il tomba devant d'obscures intrigues et de mesquines passions auxquelles il ne voulut jamais croire. Chassé du ministère, il se redresse de toute sa hauteur et redevient l'écrivain sublime que nous savons. L'éclat de la vengeance n'eut d'égal que le scandale de l'insulte ; dans son opposition, il fut admirable de talent, d'habileté, d'éloquence, mais il n'eut ni l'abnégation du dévouement, ni le calme de la véritable grandeur.

Son influence sur les choses de son temps a été considérable, c'est irrécusable ; mais quelques-uns ont pensé que cette influence lui survivrait peu. C'était là une de ses préoccupations, il craignait de ne pas avoir assez fait pour assurer l'immortalité de son nom. Laissons à l'avenir le soin de prononcer en dernier ressort, mais dès à présent nous pouvons établir ses titres. Grâce à son génie, la littérature du XIXᵉ siècle a eu son caractère particulier ; les écrivains de nos jours, suivant ses traces, ont essayé de s'approprier les nouveautés introduites par lui ; ses phrases s'élèvent comme ses pensées et montent souvent jusqu'au sublime ; nul n'a exprimé d'une manière plus touchante les sentiments du cœur, les choses de la nature n'ont jamais eu de plus habile interprète, et ses descriptions, même après Bernardin de Saint-Pierre et Rousseau, sont restées comme des modèles : voilà pour l'écrivain. Il a associé la religion à l'ordre et à la liberté, il a popularisé les idées libérales, non pas en les abaissant au niveau des intelligences vulgaires, mais en les élevant à la hauteur des grands principes qui régissent la société ; il a été l'apôtre éloquent du gouvernement représentatif appuyé sur les fondements de la royauté légitime, d'une puissante aristocratie et d'une vigoureuse démocratie : voilà pour l'homme d'État.

Chateaubriand a-t-il assez fait pour conquérir l'immortalité ?
Ce qui lui a manqué, selon nous, dans ses écrits, comme dans les

actes de sa vie publique, c'est le *modus in rebus*; « c'est la mesure qui est, dit le P. Lacordaire, ce qu'il y a de plus rare et ce qui contient le plus de force. »

Deux hommes, à des titres divers et à des degrés différents, ont dominé la première partie de ce siècle : Chateaubriand et Napoléon. Le premier a manqué, comme le second, de cette qualité que le génie pratique rarement : la mesure, et sans laquelle les plus grands hommes ont quelque chose d'inachevé et d'incomplet. Tous deux, emportés par leurs passions, l'un avec sa plume, l'autre avec son épée, ont profondément remué les idées et les peuples, les systèmes et les nationalités. Leur action, sans avoir été la même, a eu le même résultat : l'émancipation des peuples par la paix ou par la guerre. Réunis un seul jour dans une même pensée par ce qu'il y a de plus grand parmi les hommes, comme leurs noms inscrits par des mains inconnues se trouvent rapprochés sur le sommet de la plus haute des pyramides d'Égypte ; réunis par leurs natures qui se touchaient, par un certain penchant qui les entraînait, attrait du génie pour le génie ! cependant ils ont vécu profondément séparés, se renvoyant dans leur colère les injures et les menaces. Mais le jour de la justice est venu : le conquérant est apparu à l'écrivain avec tout l'éclat de son glorieux passé, et le génie de l'écrivain prophète a forcé l'admiration du conquérant. La paix a été signée, à la face du monde, dans des pages immortelles ; après leur mort, l'un au milieu de ses concitoyens, l'autre dans un lointain exil, tous deux ont trouvé une tombe à chacune des extrémités de la terre, et l'Océan, par le mouvement que lui a imprimé la main de Dieu, fait retentir du bruit de ses flots le granit du Grand-Bey qui recouvre les restes mortels de Chateaubriand, et les falaises de Sainte-Hélène, inutiles gardiennes du cénotaphe de Napoléon !

Chaque jour qui s'appesantissait sur la tête de l'illustre écrivain lui faisait sentir davantage le besoin de se reposer du grand rôle qu'il avait joué et de se recueillir dans les graves pensées de la vie future, avant de comparaître devant le Juge suprême. Sa tristesse habituelle augmentait : il avait la faiblesse des petits esprits, la vieillesse lui semblait une infirmité honteuse, il en avait peur. Son amour-propre était blessé de la décadence que son corps subissait; il avait vu avec peine des cheveux blancs remplacer la chevelure brune dont il était fier; il s'affectait de ne plus pouvoir se servir de ses mains et surtout de ses jambes. Il ne voulait pas voir quelle majesté les ans avaient donnée à l'expression de sa physionomie, combien les lignes de son visage étaient belles encore ! La voix de la postérité, prononçant déjà son jugement, aurait dû endormir la douleur du vieillard sous le charme de ses flatteuses consolations.

Ce sentiment, un peu puéril peut-être, lui faisait désirer de s'enfermer dans un cercle plus étroit ; en dehors de quelques amis, il n'avait conservé aucune relation, si l'on excepte sa visite de tous les jours chez madame Récamier. A l'heure qu'il aimait et qu'il appelait la sienne, cette amie dévouée réunissait dans le petit salon de l'Abbaye-aux-Bois les personnes en très-petit nombre qui lui plaisaient. Si par hasard il y rencontrait un visage inconnu, un visiteur inattendu, il en éprouvait un mécontentement visible, et sa contrariété se traduisait par un silence dédaigneux, une bouderie hautaine ; sa susceptibilité à cet égard était extrême : il ne voulait pas être un objet de curiosité. Tous ceux qui avaient quelque goût pour les délassements de l'esprit, ou quelque estime pour le grand écrivain, cherchaient à s'introduire dans ce cercle d'élite, bien peu réussissaient. Madame Récamier redoutait la foule et les indiscrets, autant pour elle-même que pour son ami. Chateaubriand ne consentait à laisser voir son adorable bonhomie qu'à ceux qui lui inspiraient une sympathique affection. Mais une fois qu'on était adopté, l'on était toujours le bienvenu et accueilli d'une manière aimable. Ces réunions étaient devenues un des besoins de la vie du poëte, et ce besoin se faisait plus vivement sentir à mesure que les désillusions envahissaient son âme. Quand, par suite d'une chute de voiture, il fut dans l'impossibilité de marcher, il s'y faisait porter ; et comme son amour-propre souffrait de cette nouvelle infirmité, les portes du salon ne s'ouvraient que lorsqu'il était assis dans son fauteuil. Souvent il laissait aux autres le soin de le distraire, il écoutait; mais s'il prenait part à la conversation, c'était toujours pour l'animer, lui donner de l'intérêt. Son imagination retrouvait les éclairs de sa jeunesse, et sa parole avait un charme infini ! Quand les infirmités furent devenues plus pesantes, il cessa de sortir, et alors le petit cercle, toujours présidé par madame Récamier, se réunissait chez lui.

Madame de Chateaubriand mourut... Elle légua son doux ministère à une amie dont l'esprit égalait la bonté, madame la comtesse Caffarelli, qui apportait dans ses affections quelque chose de la fermeté de son caractère et toute la chaleur d'un noble cœur, et à madame Récamier, disposée à tous les sacrifices. Ces deux femmes accomplirent religieusement leur mission, dans la mesure de leurs devoirs et de leurs forces; réunies, sinon par le même sentiment, au moins par le même dévouement, elles veillèrent jusqu'au dernier jour sur une si chère vie.

La place qu'occupait madame de Chateaubriand auprès de son mari était presque inaperçue; quand elle paraissait au milieu du cercle ordinaire, ce qui était rare, elle avait l'air d'y être en visite, et cependant sa mort fut pour l'illustre écrivain la cause d'un chagrin sérieux et laissa un grand vide autour de lui.

La révolution de Février et la chute de Louis-Philippe lui causèrent une extrême satisfaction. La proclamation de la République, si souvent prédite et si impatiemment attendue, fut saluée par lui avec bonheur ; mais sa joie fut de courte durée. Ces événements furent suivis de tant de malheurs, l'envahissement des mauvaises passions fut si rapide qu'il ne tarda pas à en être profondément affecté ; les dangers de la société éveillèrent promptement en son cœur des sentiments plus dignes de lui.

Cependant sa vieillesse devenait sombre ; ses souffrances et ses infirmités augmentaient ; sa tête s'inclinait chaque jour davantage sur sa poitrine ; son corps se courbait comme pour se rapprocher de la terre. Il semblait indifférent à tout ce qui se passait autour de lui. Ses mains, qui depuis longtemps déjà ne pouvaient porter le poids d'une plume, ne lui rendaient aucun service, et ses jambes n'avaient pas assez de force pour le soutenir : triste spectacle ! L'intelligence s'affaiblit, le caractère s'aigrit et s'irrite, l'œil s'éteint, le cœur se dessèche... Un seul nom est assez puissant pour réveiller cette nature envahie par les glaces de la vieillesse, une seule volonté conserve quelque puissance, une seule voix, douce comme celle des anges, vibre encore à son oreille attentive. »

Un jour le canon gronde, le tocsin sonne, la rue retentit du bruit des armes, des pas des chevaux ; les détonations de la mousqueterie se succèdent avec rapidité, c'est la guerre : le socialisme livre sa dernière bataille ! Chateaubriand à ce bruit sort de sa léthargie ; sa tête se relève, ses yeux brillent, ses traits s'animent, il veut être porté près de la fenêtre ouverte, comme pour se rapprocher du théâtre des événements ; il interroge ceux qui passent, ceux qui viennent ; il écoute avec avidité les détails qu'on lui donne ; il suit avec une fiévreuse anxiété les diverses phases de cette lutte fratricide ; quelques traits de courage le pénètrent d'admiration ; la mort héroïque de l'archevêque de Paris lui arrache des larmes... la victoire de l'ordre sur l'anarchie inonde son âme d'une joie ineffable !

Puis il retombe dans son assoupissement.

Le sentiment religieux le domine de plus en plus ; les pratiques qu'il inspire ou qu'il commande. prennent chaque jour une large part de son temps ; il reçoit avec une grande satisfaction les visites de l'abbé Deguerry. La maladie fait de notables progrès ; il cesse de se lever, sa somnolence augmente, sa voix s'éteint, la vie n'apparaît que dans ses yeux, qui suivent constamment madame Récamier. Si elle s'éloigne, le regard de son ami devient inquiet ; si elle se rapproche, il témoigne de la joie... Mais bientôt sa vue se trouble, ses yeux ouverts ont à peine la perception des objets... C'est la nuit, l'appartement est faiblement éclairé ; un homme, dans l'attitude du recueillement, prie ; une femme qui semble l'ange de la douleur, agenouillée au pied du lit, cache sa tête dans ses mains, et, aux mouvements saccadés de son corps, on comprend par quels efforts elle comprime les sanglots qui l'oppressent. Un prêtre administre le dernier sacrement, sacrement libérateur, union du ciel et de la terre, réconciliation du pécheur avec Dieu !... Une religieuse récite les prières des agonisants.

L'homme peut mourir maintenant : il est en paix avec lui-même et avec les autres... il n'a plus rien à faire avec le monde.

La poitrine du malade se soulève péniblement, sa respiration est courte, difficile, haletante ; ses yeux se ferment, ses mains abandonnent le crucifix placé sur sa poitrine, son cœur cesse de battre, et ses lèvres entr'ouvertes laissent échapper sa belle âme, qui s'envole dans le sein de Dieu !

CONCLUSION

SAINT-MALO. — LE GRAND-BEY. — LES FUNÉRAILLES.

La narration que nous venons de mettre sous les yeux de nos lecteurs serait incomplète si nous n'y ajoutions le récit des obsèques de l'illustre écrivain; c'est le dernier chant de l'épopée de sa vie. L'admiration ne s'est jamais manifestée avec un tel caractère de spontanéité et d'entraînement; nul éloge ne peut proclamer plus haut la gloire du nom de Chateaubriand ! Les larmes, les regrets de tout un peuple, c'est la plus belle récompense d'une vie consacrée à la grandeur et au bonheur de la patrie. Tout ce qui est noble, généreux, national, inspire aux populations des sentiments impérissables d'amour et de reconnaissance, et l'on peut affirmer, sans crainte de se tromper, que ces sentiments ne sont jamais au service des âmes vulgaires et des réputations usurpées.

« Je n'ai qu'une crainte, écrivait Chateaubriand en 1828 au maire de Saint-Malo, c'est de ne pas voir ma ville natale avant de mourir. Il y a longtemps que j'ai le projet de demander à la ville de Saint-Malo de me concéder à la pointe occidentale du Grand-Bey, la plus avancée vers la pleine mer, un petit coin de terre, tout juste suffisant pour contenir mon cercueil; je le ferai bénir et entourer d'une grille. Là, quand il plaira à Dieu, je reposerai sous la garde de mes concitoyens. »

Le Grand-Bey n'était pas une propriété communale, la concession fut demandée au ministre de la guerre ; le génie militaire fit quelques difficultés, et ce fut seulement en 1831 que M. Hovius, alors maire de la ville, termina cette affaire. Il écrivit à son illustre compatriote :

« ..... Le lieu de repos que vous désirez au bord de la mer, à quelques pas de votre berceau, sera préparé, par la piété filiale des Malouins..... Une pensée triste se mêle à ce soin. Ah ! puisse le monument rester longtemps vide ! mais l'honneur et la gloire survivent à tout ce qui passe sur la terre ! »

Le poëte remercia et envoya ses dernières instructions..... « Je n'aurais jamais osé espérer que ma ville natale se chargeât des frais de ma tombe ; je ne demandais à acheter qu'un morceau de terre de vingt pieds de long sur douze de large..... J'aurais entouré cet espace d'un mur à fleur de terre, lequel aurait été surmonté d'une simple grille de fer peu élevée pour servir, non d'ornement, mais de défense à mes cendres. Dans l'intérieur je ne voulais placer qu'un socle de granit, taillé dans les rochers de la grève ; le socle aurait porté une petite croix de fer ; du reste, point d'inscription, ni nom, ni date. La croix dira que l'homme reposant à ses pieds était un chrétien : cela suffira à ma mémoire. »

Chateaubriand, avant de mourir, n'a pas revu sa patrie ; il a emporté ce regret dans la tombe... Il avait conservé un fidèle souvenir de Saint-Malo, et ce pays, qu'il n'avait pas cessé d'aimer, lui apparaissait dans le lointain de sa jeunesse avec un tel caractère de grandeur qu'il demandait quelquefois à ceux de ses compatriotes qui allaient le voir si les rêves de son imagination n'avaient pas créé quelque chose que la nature n'avait pas fait. Mais les derniers vœux du poëte ont été exaucés : le monument qu'il a désiré a été exécuté suivant ses instructions et au moyen d'une souscription volontaire. Seulement une croix de granit a remplacé la croix de fer, et il repose sous la garde de ses concitoyens, au bruit des vagues de cette mer qu'il a tant aimée.

Quelques jours après sa mort, son corps fut transporté à Saint-Malo, accompagné pendant tout ce voyage par le curé de l'église des Missions étrangères de Paris, par quelques-uns des membres de la famille de Chateaubriand, par un écrivain chez lequel le talent est héréditaire, par l'exécuteur testamentaire et par un fidèle serviteur que la mort même n'avait pu séparer de son maître. Le maire, ses adjoints et le conseil municipal, le curé à la tête d'un nombreux clergé et une immense population attendaient à l'entrée de la ville le funèbre convoi...

Quand les cendres de Germanicus furent rapportées à Rome pour être déposées dans le temple d'Auguste, les rues de la ville étaient remplies de peuple, de magistrats, de soldats; ils s'écriaient : « C'en est fait de la République, il ne reste plus d'espérance! » La foule courait au-devant du funèbre cortége et chaque citoyen croyait, dans sa douleur, avoir perdu un protecteur, un ami, un frère! La ville tantôt était muette comme une solitude et tantôt retentissait de gémissements ; on oubliait que Tibère était un maître soupçonneux et implacable! Le Gouvernement n'avait décrété ni la pompe des funérailles, ni les honneurs, mais le peuple romain, de sa pleine autorité, décernait à Germanicus un magnifique et dernier triomphe.

Les habitants de Saint-Malo éprouvèrent quelque chose de ces sentiments en voyant le cercueil de Chateaubriand franchir l'enceinte crénelée de leur vieille cité. Ils montrèrent le même respect, le même empressement douloureux que le peuple romain : ils reçurent avec un juste orgueil et une profonde gratitude le dépôt sacré confié à leur fidélité. *Potius mori quam fœdari*, et ils décernèrent aussi les honneurs du triomphe à leur illustre concitoyen.

Cinquante mille spectateurs, accourus de toutes les parties de la Bretagne, ont témoigné par leur présence à la suprême cérémonie des funérailles de ce grand homme, de leur admiration pour une noble vie, de leurs regrets pour une mort qui enlève à la patrie effrayée un de ses plus habiles défenseurs. Alors que tout ce qu'il y a de sacré chez les hommes, la liberté, la propriété, la famille, la religion, semble s'abîmer dans un immense cataclysme, la mort d'un homme de bien est un malheur ajouté aux malheurs de la patrie; c'est ainsi que le comprirent tous ceux qui vinrent, comme une immense garde d'honneur, accompagner le corps de Chateaubriand jusqu'au lieu du repos éternel. Ils ne vinrent pas seulement satisfaire une vaine curiosité, ou apporter le tribut d'un stérile hommage à un grand citoyen, et des larmes inutiles à la noble intelligence que Dieu avait rappelée à lui; non... Ils vinrent demander à l'ombre de Chateaubriand les inspirations de son patriotisme! Ils savaient que dans ces temps de discordes civiles, nul ne les eût conduit plus sûrement dans le chemin de l'honneur. Puisse-t-il nous donner à tous ce qui fit dans ce monde sa force et sa puissance; l'amour de la patrie et de la liberté, l'esprit de la famille, et ces sentiments religieux sans lesquels il n'y a ni patrie ni famille.

Le cortége traversa lentement les rues de la ville au milieu d'une double haie de soldats; la foule encombrait les rues, se pressait aux fenêtres et jusque sur le toit des maisons. Le cercueil, suivi des membres de la famille de l'illustre défunt, des autorités et des invités, entra dans la vieille cathédrale et fut déposé dans une chapelle ardente préparée pour le recevoir. L'émotion était profonde...; des larmes coulèrent de tous les yeux quand la musique, touchante inspiration! fit entendre la douce mélodie sur laquelle Chateaubriand a composé les vers que tout le monde se rappelle :

« Combien j'ai douce souvenance
« Du joli lieu de ma naissance! »

La garde nationale en armes veilla sur ce précieux dépôt; des prêtres, se relevant d'heure en heure pendant toute la nuit, récitèrent des prières.....

Le lendemain, c'était le 19 juillet 1848..... le soleil resplendissant est parvenu à la moitié de sa course; la mer bleue se confond à l'horizon avec l'azur du ciel, l'espace n'a plus de bornes..... pas un souffle de vent, pas un nuage..... pas une barque sur l'onde, pas un oiseau dans l'air, le calme est partout, sur la mer, sur la terre, dans le ciel! Le Grand-Bey, comme un géant au milieu de la rade, domine tout ce qui l'entoure et de son sommet élevé on découvre :

Saint-Malo, avec ses murs antiques, ses forts noircis par le temps, son vieux château, ses tours, orgueil de la bonne duchesse, effroi des anciens Malouins; par-dessus les murailles, on distingue la maison où naquit René, et la fenêtre grillée du couvent dans lequel Amélie cherça un refuge contre les orages de la vie;

A l'ouest, Saint-Servan, l'embouchure pittoresque de la Rance et, se découpant sur le ciel, la noire silhouette des clochers de Dinard, Saint-Enogat, Saint-Lunaire, Saint-Briac ; puis la tour des Ebihens, position militaire abandonnée, et la grève de Saint-Cast, de glorieuse mémoire ; au loin, le fort Lalatte ; plus loin encore, le cap Fréhel et ses phares jumeaux;

Au nord, le Petit-Bey, les îles Harbour et Cézambre, la Conchée couronnée de fortifications dont les canons défendent la rade; puis la mer, rien que la mer.....

A l'est, le fort royal; sur le penchant de la colline, les villages de Paramé et de Saint-Ideuc, et les rochers de la Varde, comme suspendus sur l'abîme des flots.

Ces îles, ces rochers déchirés par les vagues dans des jours de colère, ces falaises dépouillées d'arbres et de verdure ont, dans leur séculaire nudité, un caractère d'incomparable grandeur. Aucun bruit ne trouble la solennité de ces lieux; l'Océan lui-même semble réprimer les aspirations de sa puissante voix et essayer le silence... L'oreille attentive distingue seulement la plaintive harmonie de la vague intermitente qui tombe, murmure et meurt en s'étendant sur la plage.. L'âme est pénétrée d'un sentiment d'ineffable tristesse.

A l'extrémité occidentale du Grand-Bey, du côté de la pleine mer, parmi les ruines dont les débris jonchent le sol, un tombeau a été creusé dans le roc ; à côté l'on remarque une énorme pierre sépulcrale surmontée d'une croix de granit, et le fossoyeur, appuyé sur sa bêche, seul sur ce sommet désert, attend immobile... Cependant une rumeur indescriptible s'élève au loin et grandit; la foule se répand sur les murs,

sur les rochers, sur les grèves; le canon gronde, les cloches tintent le
glas funèbre, la mer se couvre de blanches voiles, la vapeur fait entendre
son strident sifflet, des files de nombreux soldats, le mousquet renversé,
se déroulent sur la plage; des citoyens de tout rang, de tout âge,
s'avancent dans un profond recueillement; une longue suite de prêtres
en blancs surplis chantent l'hymne des morts et un cercueil porté par
de jeunes et hardis marins paraît au sommet du Grand-Bey .. Le précieux fardeau est respectueusement déposé dans la tombe préparée
pour le recevoir; le curé récite les dernières prières, donne la bénédiction, et la pierre couronnée du signe de la rédemption recouvre pour
toujours cette dépouille mortelle!

Les regrets de tout un peuple montent comme un pur encens vers
le trône de Dieu!...

Nul caractère ne dit quel chrétien est venu demander au Grand-Bey
son dernier asile, mais les générations qui viendront après nous redi-
ront aux générations de l'avenir le nom de Chateaubriand!

Le clergé après avoir accompli sa divine mission se retire, laissant
la parole aux représentants les plus autorisés de la société civile; à eux
maintenant de rappeler, à la foule attentive, les phases diverses de la
longue vie de cet homme, brillant météore, qui a laissé sur la terre la
trace ineffaçable et lumineuse de son passage.

L'administration municipale, par l'organe d'un de ses membres, dit
adieu au plus éminent des enfants de la cité malouine; M. Ampère,
chancelier et délégué de l'Académie française, paye à l'illustre défunt
le tribut de l'admiration de la compagnie dont il a été une des gloires, et
exprime, avec les regrets qui oppressent son cœur, les regrets de tous;
le recteur de l'Académie de Rennes dépose un dernier hommage aux
pieds de celui qui fut au commencement de ce siècle, le restaurateur
des lettres..... Tout est fini. La foule, émue et consternée, se retire
lentement et quitte à regret ces lieux...

Au moment où la solennité s'achève, le vent d'ouest se lève; de lourds nuages obscurcissent un instant la lumière du soleil; une rafale, convulsion de la nature, ride la surface des eaux, agite les drapeaux et les oriflammes, soulève des flots de poussière et passe... Puis tout redevient silencieux, le Grand-Bey est rendu à sa solitude accoutumée : la grève, les murs, les rochers sont déserts; le ciel est pur, la mer est belle ; la croix de granit scintille aux derniers rayons du soleil couchant !

NOTES

1. *Acte de naissance de Chateaubriand.* — Françoi -René de Chateaubriand, fils de haut et puissant René Chateaubriand, chevalier, comte de Combourg, et de dame Apolline - Jeanne - Suzanne de Bédée, dame de Chateaubriand, son épouse, né le 4 septembre 1768, baptisé le jour suivant par nous, Messire Pierre - Henri Nouaïl, grand chantre et chanoine de l'église cathédrale, official et grand vicaire de monseigneur l'évêque de Saint-Ma'o; a été parrain haut et puissant Jean-Baptiste de Chateaubriand, son frère, et marraine haute et puissante dame Françoise-Marie - Gertrude de Contades, dame et comtesse de Plouër, qui signent et le père.

Signé : JEAN-BAPTISTE DE CHATEAUBRIAND;
BRIGNON DE CHATEAUBRIAND;
CONTADES DE PLOUER;
DE CHATEAUBRIAND;
NOUAÏL, VICAIRE GÉNÉRAL.

2. On peut lire partout des détails sur la situation extraordinaire de Saint-Malo, et sur l'aspect sévère de cette ville, bâtie en pierres de granit, sur un rocher aride ; aux maisons hautes et pressées, auxquelles le temps a donné une couleur d'un gris noirâtre extrêmement sombre; aux rues étroites et tortueuses : sur cette ville renfermée dans des murs élevés, entourée de toutes parts par la mer, et que la main des hommes a re iée à la terre ferme par une étroite chaussée longue de près d'un kilomètre et large de dix mètres à peine. Les nécessités des temps modernes, la paix, le commerce, ennemi du pittoresque, ont sans doute beaucoup modifié l'aspect de cette ville, telle qu'elle se montrait à l'époque de la naissance de Chateaubriand, mais Saint-Malo a conservé, malgré les changements intérieurs et extérieurs qu'il a heureusement subis, un cachet exceptionnel d'originalité. La fondation de Saint-Malo remonte au viii⁰ siècle; il soutint plusieurs siéges, et fut assiégé plusieurs fois par les Anglais ; il fut le berceau de la Compagnie des Indes; il a donné le

jour à un grand nombre d'hommes célèbres; Jacques Cartier, Maupertuis,
Duguay-Trouin, Mahé de La Bourdonnais, Lamettrie, Surcouf, Lamennais.
Broussais et Chateaubriand. L'illustre La Chalotais, procureur général au Par-
lement de Rennes, M. de Caradeuc, son fils, aussi procureur général, et
quatre conseillers, furent enfermés dans le donjon du château de Saint-Malo
en 1765. C'est là que La Chalotais écrivit ces mémoires dont Voltaire a dit :
« Malheur à toute âme sensible qui n'éprouve pas le frémissement de la fièvre
en lisant les mémoires de l'infortuné La Chalotais! Son cure-dent grave pour
l'immortalité. »

3. Le château de Combourg est un des rares monuments de l'ancienne
France qui aient échappé à la fureur de destruction qui s'était emparée du
peuple pendant la révolution de 1789. Le passé est encore là dans toute sa
majesté et dans toute la vérité des souvenirs qu'il rappelle. A l'extrémité de
la rue principale du village de Combourg, en se dirigeant à l'ouest, vers les
hautes tours du château, on rencontre sur la droite un mur à peu près en
ruine; au milieu, on voit un portail de dimensions médiocres, orné d'élégantes
colonnes cannelées d'ordre corinthien, soutenant un fronton qui portait naguère les armoiries de la famille de Chateaubriand; les portes ont été arra-
chées depuis bien des années; ce portail donne accès dans une cour, dont
l'aspect délabré fait mal à voir : c'était autrefois la cour des écuries; plus
loin, on rencontre un étroit passage formé par un bâtiment de modeste apparence et on se trouve en face du château... Il est impossible de se défendre
d'un sentiment d'admiration à la vue de cet édifice noirci par le temps, aux
formes lourdes et massives, avec ses murs percés de rares fenêtres, ses
machicoulis béants, défenses formidables. Le château, composé de quatre tours
irrégulières surmontées d'un toit élevé et reliées entre elles par une courtine,
forme un carré à peu près parfait, cependant un peu plus long que large. La
porte d'entrée, de style original élevée de six mètres environ au-dessus du sol,
s'ouvre au milieu de la façade sud; on y accède par un perron de vingt-neuf
marches, sans grâce et sans style, évidemment ajouté à l'édifice quand la guerre
cessa d'être l'occupation la plus habituelle des seigneurs.

Le voyageur, plein des grands souvenirs de la féodalité, les mémoires d'outre-tombe à la main, pénètre dans l'intérieur.... mais hélas! qu'il reste peu
de chose du glorieux passé de cette demeure féodale. Pourquoi la main des
hommes n'a-t-elle pas respecté tout ce que le temps lui-même n'avait osé détruire? Mais passons... Ce n'est pas sans émotion que l'on entre dans la chambre
qui fut celle de Chateaubriand... On y a placé le simple lit de fer sur lequel
il est mort, l'armoire modeste qui a renfermé si longtemps, comme un trésor,
les *Mémoires d'Outre-Tombe*... L'épée du pair de France est suspendue, ac-
crochée au mur... au milieu de la chambre, le bureau sur lequel l'homme
illustre a écrit tant de belles choses ; son fauteuil, son écritoire, et je dirais sa
plume, si je ne savais que la plume a été mille fois volée.

On montre aussi la chambre d'Amélie.

Du haut des tours, on découvre tout le pays environnant, et par ce qu'il est encore on peut juger de ce qu'il était à l'époque do t parle Chateaubriand; et cependant aujourd'hui des routes sont ouvertes dans toutes les directions, et les sifflements de la locomotive sont répétés par les échos des vieilles tours.

4. Chateaubriand, dans ses *Mémoires d'Outre-Tombe* (tome Ier, pages 222 et suivantes) a raconté ses débuts à la Cour avec quelques détails.

5. Deux pays d'États, le Dauphiné et la Bretagne, commencèrent la Révolution par la réunion des notables; l'assemblée de la noblesse de Bretagne, au mois de décembre 1788, fut extrêmement orageuse; on se battit dans les rues et même un peu dans la salle des séances. Le fouage, impôt établi par feu sur les biens roturiers, dont on proposait la modification, fut l'occasion de ces sanglantes discussions, la noblesse voulant conserver son privilége, la roture demandant que l'impôt fût établi sur toutes les propriétés sans distinction.

6. Voici comment Chateaubriand raconte cette scène (*Mémoires d'Outre-Tombe*, tome Ier) ..... J'étais aux fenêtres de mon hôtel garni avec mes sœurs et quelques Bretons; nous entendons crier : Fermez les portes! fermez les portes! Un groupe de déguenillés arrive par un des bouts de la rue; du milieu de ce groupe s'élèvent deux étendards que nous ne voyions pas bien de loin. Lorsqu'ils s'avancèrent, nous distinguâmes deux têtes échevelées et défigurées, que les devanciers de Marat portaient au bout d'une pique : c'étaient les têtes de MM. Foulon et Berthier. Tout le monde se retira des fenêtres, j'y restai. Les assassins s'arrêtèrent devant moi, me tendirent les piques en chantant, en faisant des gambades, en sautant pour approcher de mon visage les pâles effigies. L'œil d'une de ces têtes, sorti de son orbite, descendait sur le visage obscur du mort; la pique lui traversait la bouche ouverte dont les dents mordaient le fer : « Brigands! m'écriai-je, plein d'une indignation que je ne pus contenir, est-ce comme cela que vous entendez la liberté? » Si j'avais eu un fusil, j'aurais tiré sur ces misérables comme sur des loups. Ils poussèrent des hurlements, frappèrent à coups redoublés à la porte cochère pour l'enfoncer et joindre ma tête à celles de leurs victimes. Mes sœurs se trouvèrent mal, les poltrons de l'hôtel m'accablèrent de reproches. Les massacreurs qu'on poursuivait n'eurent pas le temps d'envahir la maison et s'éloignèrent. Ces têtes et d'autres que je rencontrai bientôt après changèrent mes dispositions politiques : j'eus horreur des festins de cannibales et l'idée de quitter la France pour quelque pays lointain germa dans mon esprit.

7. Le 5 avril 1791, Chateaubriand s'embarqua à Saint-Malo à bord du brick *le Saint Pierre*, de 160 tonneaux, capitaine Dujardin-Pinte-de-Vin, qui, après avoir touché aux îles Saint-Pierre et Miquelon, le débarqua à Baltimorre.

8. Voici l'acte de mariage, daté du 12 mars 1792 :

François-Auguste-René de Chateaubriand, fils second et mineur de feu René-Auguste de Chateaubriand et de dame Apolline-Jeanne-Suzanne de Bédée, et demoiselle Céleste Buisson, fille mineure de feu sieur Alexis-Jacques Buisson et de dame Céleste Rapine de la Placelière, tous deux originaires et domiciliés dans cette ville, ont reçu de moi soussigné, curé, la bénédiction nuptiale dans l'église paroissiale, ce jour 19 mars 1792, en conséquence d'une bannie faite au prône de notre messe paroissiale, sans opposition, et de la dispense du temps prohibé et de deux bans. La présente cérémonie faite en vertu de deux décrets émanés de la justice de paix de cette ville, attendu la minorité des parties et en présence de François-André Buisson, de Jean-François Leroy, Michel-Guillaume-Thomas Bossinot et de Charles Malapert, qui ont attesté le domicile et la liberté des parties et ont signé avec les époux.

Signé : CÉLESTE BUISSON, FRANÇOIS DE CHATEAUBRIAND, FRANÇOIS-ANDRÉ BUISSON, M. ROSSINOT, LEROY, MALAPERT FILS, DUHAMEL, CURÉ.

On était encore sous l'empire de l'ancienne législation : les registres de l'état civil étaient tenus par le clergé, le mariage civil n'existait pas, la majorité était à 25 ans.

9. M. Armand de Chateaubriand habitait une charmante propriété, sur les bords de la mer, à l'embouchure de l'Arguenon, en face des belles ruines du château du Guildo. C'est là que les troubles de 1789 vinrent le surprendre. Il émigra et se réfugia à Jersey. Ce fut chez lui que notre héros reçut l'hospitalité, après la retraite de Thionville; M. Armand de Chateaubriand, ainsi que nous le verrons plus tard, a été fusillé sous l'empire; il a laissé un fils qui est mort, il y a quelques années, dans les environs de Saint-Malo.

10. Le Premier Consul fit rédiger tous les ordres, les signa lui-même, puis enjoignit au général Savary de les porter à Murat et d'aller à Vincennes en surveiller l'exécution (Murat commandait Paris et la division, c'était à lui qu'incombait le devoir de former la commission, de la réunir et d'ordonner l'exécution, mais il avait refusé son concours). Ces ordres étaient complets et positifs; ils contenaient la composition de la commission, la désignation des colonels de la garnison qui devaient en faire partie, l'indication du général Hulin comme président, l'injonction de se réunir immédiatement pour tout finir dans la nuit; et si, comme on n'en pouvait douter, la condamnation était une condamnation à mort, de faire exécuter le prisonnier *sur-le-champ.* Un détachement de la gendarmerie d'élite et de la garnison devait se rendre à Vincennes pour garder le tribunal et procéder à l'exécution de la sentence. Tels étaient ces ordres funestes... Cependant tout n'était pas irrévocable dans ces ordres, il restait un moyen de sauver le prince infortuné. M. Réal devait

se rendre à Vincennes pour l'interroger longuement, et lui arracher ce qu'il savait sur le complot dont on le croyait toujours complice... C'était la dernière chance qui restât pour sauver la vie du jeune prince et pour épargner une grande faute au Premier Consul. Ce dernier y pensait, dans ce moment même, après les ordres qu'il venait de donner.

Les royalistes furent prodigieusement irrités et plus effrayés encore, mais les honnêtes gens furent désolés de voir un gouvernement admirable jusquelà tremper ses mains dans le sang et, en un jour, se mettre au niveau de ceux qui avaient fait mourir Louis XVI, et sans l'excuse des passions révolutionnaires, qui, en 1793, avaient troublé les têtes les plus fermes et les cœurs les meilleurs (voir M. THIERS, *Consulat et Empire*). La commission militaire était composée comme suit : M. le général Hulin, commandant les grenadiers de la garde des Consuls;

Le colonel Guiton du 1er régiment de cuirassiers;

Le colonel Bazancourt, du 4e d'infanterie légère;

Le colonel Barrois, du 96e régiment d'infanterie de ligne ;

Le colonel Rabbe, commandant le 20e régiment de la garde municipale ;

Le capitaine d'Autancourt, major de la gendarmerie d'élite, remplissant les fonctions de secrétaire ;

Le chef d'escadron Jacquin, remplissant les fonctions de capitaine rapporteur.

11. Jean Bachasson de Montalivet, ministre de l'intérieur. Dans cette situation élevée, il prouva à la fois l'étendue de son esprit et la variété de ses connaissances ; embrassant d'un coup d'œil toutes les branches de sa vaste administration, il exerçait sur toutes l'influence d'une étonnante aptitude au travail et d'un esprit judicieux, pénétrant et plein de ressources ; il s'appliqua à favoriser les progrès de l'industrie nationale. Il n'est probablement aucun ministre dans les temps modernes, dit M. Daru, qui ait eu le bonheur de laisser après lui autant de monuments. Il fut habile, sage, modéré, honnête; au moment de mourir, il disait à sa famille rassemblée autour de lui : « Mes enfants, vous voyez comment on meurt, quand on a toujours vécu en honnête homme. »

12. Voici le jugement de l'Académie sur le *Génie du Christianisme* :

Le *Génie du Christianisme* a paru défectueux quant au fond et au plan ; malgré les défauts remarqués dans le plan et dans l'exécution de l'ouvrage, l'Académie a reconnu un talent très-distingué de style, de nombreux morceaux de détail remarquables par leur mérite et dans quelques parties des beautés du premier ordre ; toutefois l'effet du style et la beauté des détails n'auraient pas suffi pour amener à l'ouvrage le succès qu'il a obtenu; que ce succès est dû à l'esprit de parti et à des passions du moment qui s'en sont emparés, soit pour l'exalter à l'excès, soit pour le déprimer avec injustice.

L'esprit de parti et les passions de cette époque n'aveuglent plus les intelligences, et le jugement des hommes de notre temps a mis le *Génie du Christianisme* au nombre des ouvrages qui sont l'honneur de la littérature française (VILLEMAIN, *la Tribune moderne*).

13. Chénier, Marie-Joseph, frère d'André Chénier, dont la tête tomba sur l'échafaud révolutionnaire, avait embrassé avec ardeur les principes de la Révolution de 1789. Membre de la Convention, il eut le malheur de voter la mort de Louis XVI. Il est l'auteur de la cantate connue sous le titre : « *Le Chant du départ,* » et dont Méhul composa la musique. Il a fait des tragédies, des odes, des traductions; il a écrit de nombreux rapports sur la réouverture des collèges et sur l'instruction publique. Lors de la réorganisation de l'Institut, il fit partie de la section des lettres.

14. Chateaubriand fut élu presque à l'unanimité des membres présents ; les adversaires de cette candidature s'abstinrent de prendre part au vote. Le chef du Gouvernement fut immédiatement informé de ce résultat et un décret impérial approuva le choix de l'Académie.

15. Le discours de réception de Chateaubriand fut repoussé par l'Académie tout entière, après l'avoir été par la commission et par l'Empereur, et, à quelques jours de là, on lut à l'Académie la lettre ci-après :

Monsieur le Président,

Mes affaires et le mauvais état de ma santé ne me permettant pas de me livrer au travail, il m'est impossible, dans ce moment, de fixer l'époque à laquelle je désirerais avoir l'honneur d'être reçu par l'Académie.

Je suis etc.

28 avril 1811.

CHATEAUBRIAND.

Ce discours, par un hasard presque providentiel, nous a été conservé. Chateaubriand le donne tout entier dans les *Mémoires d'Outre-Tombe*. Il excita alors dans le sein de l'Académie bien des jugements divers ; nous devons dire cependant qu'il fut loué et admiré par les hommes les plus importants. Le blâme des excès de la Révolution nous paraît modéré et les louanges adressées à l'Empereur convenables ; mais le Gouvernement étendait sa protection sur les hommes de la Révolution qui s'étaient soumis à lui, et les flatteurs avaient rendu le chef de l'État extrêmement susceptible. Le blâme était toujours trop accentué, la louange était toujours trop faible.

16. Un homme qui pense aussi sagement qu'il écrit avec éloquence,

M. Villemain, a dit, en parlant de *la Monarchie selon la Charte* : « On doit le reconnaître, l'invective éloquente, datée du 30 mars 1814, la veille de l'abandon officiel de Paris laissé sans secours à l'invasion étrangère, cette invective publiée quelques jours plus tard, après de grandes défections militaires et des actes de divorces politiques émanés du Sénat même de l'Empire, ne peut être considéré comme le manifeste d'un complot natinational. Elle ne tendait pas à désarmer la défense, alors que la défense eût été possible, et qu'elle n'avait pas encore été désespérée par celui-là même auquel on l'immolait. Elle n'était pas le cri de : Sauve qui peut ! sur un champ de bataille encore défendu. Préparée d'avance, elle venait seulement après la défaite et l'abdication du chef, pour prévenir les luttes stériles, les divisions fatales et l'anarchie dans la ruine ; elle incriminait, non sans excès, mais à bon droit le despotisme brisé par la seule puissance qu'il eût jamais reconnue, la force matérielle ; en dénonçant avec passion ces fautes, elle servait à lui ôter un dernier prestige qui ne pouvait que faire des victimes aveugles et non plus susciter d'utiles défenseurs ; en séparant désormais du monarque vaincu et déchu la nation malheureusement envahie, elle prévenait, elle arrêtait du moins le flot même de cette invasion, elle ramenait l'idée du droit, la puissance naturelle d'un principe au milieu du déchaînement de la guerre et dans le mauvais succès des armes, elle ménageait pour nous un prétexte à la réconciliation et une dignité morale à la paix. Il fallait bien qu'il en fût ainsi, car ce véhément pamphlet de M. de Chateaubriand, publié dans les premiers jours d'avril, eut le plus grand effet, la plus rapide influence qu'aucun écrit ait exercée en France depuis 1789. Je ne dirai pas qu'il aida les vainqueurs, ce serait le diffamer et le maudire, je dirai qu'il confirma la chute irréparable du pouvoir vaincu, qu'il diminua le nombre ou les regrets de ses partisans, concourut au ralliement des esprits dans l'intérêt des lois et de la patrie, prévint des maux partiels et des tentatives isolées, dont se serait accru le malaise général.

M. le duc de Noailles, dans son discours de réception à l'Académie française, où il a eu l'honneur de s'asseoir sur le fauteuil de Chateaubriand, a porté un jugement tout aussi favorable sur cette célèbre brochure.

17. *Congrès de Vérone* (chap. XXXI. Alexandre, abrégé de sa vie.)

18. Le choix de Fouché, duc d'Otrante, fut une des graves erreurs de Louis XVIII. Chateaubriand ne voulut pas s'associer à une telle faute : Fouché ne représentait que la Terreur, c'est-à-dire la Révolution dans ce qu'elle avait de plus honteux, et Chateaubriand n'acceptait de la Révolution que ce qu'elle avait de grand et de généreux.

19. Le Gouvernement des Bourbons avait désigné indirectement au choix des électeurs les présidents des collèges électoraux. La candidature de Chateaubriand avait été portée dans plusieurs départements et en particulier à

Orléans ; mais le jour même de l'ouverture du collége, il apprit que son nom se trouvait sur la liste de la Pairie reconstituée.

20. L'ordonnance du 5 septembre 1816 fut un des principaux événements de la Restauration ; elle eut une grande influence sur les affaires et sur la marche du Gouvernement ; sa publication souleva dans la presse et dans le public les plus ardentes discussions. Les malheurs de la France n'avaient-ils donc pas été assez grands pour lui donner l'esprit de sagesse ? *La Monarchie selon la Charte*, qui parut à la même époque, eut un immense succès ; l'ouvrage fut traduit dans toutes les langues de l'Europe. Certains passages, qui rappellent trop la réaction royaliste, lui servirent de recommandation auprès du parti royaliste et les principes libéraux de l'auteur en faisaient un livre précieux pour tous ceux qui demandaient aux Bourbons un gouvernement représentatif sagement progressif.

21. Chateaubriand, qui avait eu une action très-influente dans cette combinaison ministérielle, avait demandé, en souvenir d'une ancienne amitié, la grande maîtrise de l'Instruction publique pour M. de Fontanes, mais la nécessité de donner satisfaction à des ambitions politiques l'avait fait écarter. « Je suis sensible, avait dit M. de Fontanes à Chateaubriand, aux témoignages « de votre amitié ; ils me rendent plus heureux que toutes les places du monde. M. de Fontanes, qui avait toujours prédit les plus grandes destinées à son ami, n'a pas assez vécu pour voir *ce quelque chose de mémorable* qui devait illustrer sa vie et donner tant de retentissement à sa chute.

22. Ici commence le rôle politique que Chateaubriand a si noblement rempli et cette rude tâche de l'alliance de la Charte et du Royalisme. Le poëte et le publiciste disparaissent pour ainsi dire, et font place au ministre et à l'orateur.

24. Chateaubriand, dans le premier volume des *Mémoires d'Outre-Tombe*, a ainsi raconté son arrivée en Angleterre :

« Trente ans après m'être embarqué simple sous-lieutenant pour l'Amérique, je m'embarquai pour Londres avec un passe-port conçu en ces termes : Laissez passer sa seigneurie, le vicomte de Chateaubriand, pair de France, ambassadeur du Roi, etc., etc. » Un bateau à vapeur, nolisé pour moi seul, me porte de Calais à Douvres. En mettant le pied sur le sol anglais, le 5 avril 1822, je suis salué par le canon du fort. Un officier vient de la part du commandant m'offrir une garde d'honneur ; le maître et les garçons de l'hôtel me reçoivent tête nue ; madame la mairesse m'invite à une soirée... M. Billing, attaché à mon ambassade, m'attendait... Le lendemain, après avoir distribué force argent du Roi mon maître, je me mets en route pour Londres au ronflement du canon, dans une légère voiture qu'emportent quatre beaux chevaux menés au grand trot par deux élégants jockeys. Mes gens suivent dans

d'autres carrosses ; des courriers à ma livrée accompagnent le cortége.....
Le 17 mars 1793, je débarquai pour la même ville de Londres, humble et
obscur voyageur à Southampton, venant de Jersey. Le maire de la ville me
délivra une feuille de route..... « François de Chateaubriand, officier français
à l'armée des émigrés, taille de cinq pieds quatre pouces, favoris et cheveux
bruns... Je partageai modestement la voiture la moins chère avec quelques
matelots en congé; je relayais aux plus chétives tavernes, j'entrai pauvre,
malade, inconnu dans une ville opulente et fameuse où M. Pitt régnait.....

24. Au mois de juin 1821, avant de se séparer au congrès de Laybach,
les princes, ou leurs représentants, étaient convenus de se réunir de nouveau,
dans le courant de l'année 1822, pour s'occuper des affaires générales de
l'Europe : la tranquillité était à peine rétablie dans la Péninsule italienne; la
lutte des Grecs contre le Sultan prenait de grandes proportions; la Révolution
espagnole triomphait. L'empereur Alexandre, à qui les autres souverains *laissaient* d'un commun *accord* le principal rôle dans ces sortes d'assemblées,
avait désigné Vérone comme lieu de réunion, et fixé l'ouverture du Congrès
au commencement du mois de septembre.

25. Avant d'aller à Vérone, M. de Montmorency se rendit à Vienne, où il
arriva le 7 septembre. L'empereur Alexandre, le roi de Prusse et leurs principaux ministres y étaient réunis. La nouvelle du suicide de lord Castelreag
(marquis de Londonderry) déroutait un peu les souverains et retardait forcément
l'ouverture du Congrès, jusqu'au moment où le gouvernement anglais aurait
désigné un nouveau plénipotentiaire. Ce retard fut employé à discuter à
l'avance, dans des conférences tenues chez le prince de Metternich, chez le
comte de Nesselrode, chez le prince de Hardenberg, les principales questions
qu'on se proposait de décider au Congrès. Enfin l'Angleterre ayant désigné le
duc de Wellington comme son ministre, tout le monde se mit en route pour
Vérone. Alexandre et Frédéric-Guillaume partirent les derniers et arrivèrent
le 17 septembre. Le 20 du même mois fut fixé pour l'ouverture officielle des
conférences. Ce fut ce jour-là même que M. de Montmorency déposa la note
dont il est question dans notre relation. Cette note parut d'autant plus importante, qu'on supposait généralement et non sans raison que le ministre français s'était entendu à cet égard avec l'empereur de Russie, dans les conférences
particulières qu'il avait eues à Vienne avec ce monarque et qui avaient été
fort remarquées.

26. La traite des noirs avait en effet une très-grande importance pour le
gouvernement britannique qui songeait déjà à supprimer l'esclavage dans
ses colonies pour le remplacer par le travail libre.

27. En 1717, la Grèce s'était insurgée contre la Turquie; le 1er janvier 1822

fut émise la déclaration d'indépendance, et l'insurrection, dès ce moment, fut
dirigée par un pouvoir régulier qui lui donna des ressources et un ensemble
qui lui manquaient.

28. Tout ce que Chateaubriand vit pendant son voyage en Grèce et en Orient
fut de nature à lui inspirer l'horreur de la domination musulmane. Nous empruntons le trait suivant à l'*Itinéraire* (1re partie)... « Je montrai mon
ordre du Pacha. Le commandant m'invita à fumer et à boire du café dans sa
barraque : c'était un gros homme, d'une figure calme et apathique, ne pouvant faire un mouvement sur sa natte sans soupirer, comme s'il éprouvait
une douleur. Il examina mes armes, me fit remarquer les siennes, surtout
une longue carabine qui portait, disait-il, fort loin. Les gardes aperçurent
un paysan qui gravissait la montagne, ils lui crièrent de descendre ; celui-ci
n'entendit pas la voix ; alors le commandant se leva avec effort, prit sa carabine, ajusta longtemps entre les sapins le paysan et lui lâcha son coup de
fusil. Le Turc revint, après cette expédition, se rasseoir sur sa natte aussi
tranquille, aussi bonhomme qu'auparavant. Le paysan descendit à la garde,
blessé en toute apparence, car il pleurait et montrait son sang. On lui
donna cinquante coups de bâton pour le guérir..... Je me levai brusquement...
Joseph ne voulut pas traduire ce que je disais, et peut-être la prudence était-
elle nécessaire en ce moment, mais je n'écoutais guère la prudence..... Je
fis amener mon cheval et je partis.

29. Des extraits de cette correspondance sont donnés dans le congrès de
Vérone.

30. Voici le passage de ce discours qui a trait à la guerre d'Espagne.
« J'ai tout tenté pour garantir la sécurité de mes peuples et préserver l'Europe elle-même des derniers malheurs. L'aveuglement avec lequel ont été re-
poussées les représentations faites à Madrid laisse peu d'espoir de conserver
la paix.
« J'ai ordonné le rappel de mon ministre. Cent mille Français commandés
par un prince de ma famille, par celui que mon cœur se plaît à appeler mon
fils, sont prêts à marcher en invoquant le Dieu de saint Louis, pour conserver le trône d'Espagne à un petit-fils de Henri IV, préserver ce beau royaume
de la ruine et le réconcilier avec l'Europe.
« J'ai dû mettre l'état de mes affaires au dehors sous vos yeux. C'était à moi
de délibérer ; je l'ai fait avec maturité, j'ai consulté la dignité de ma couronne,
l'honneur et la liberté de la France .. »

31. Texte de cette ordonnance :
Nous, Louis-Antoine d'Artois, fils de France, commandant en chef l'armée
des Pyrénées, considérant que l'occupation de l'Espagne par l'armée fran-

çaise sous nos ordres nous met dans l'indispensable obligation de pourvoir à la tranquillité de ce royaume et à la sûreté de nos troupes.

Avons ordonné et ordonnons ce qui suit :

ART. 1er. Les autorités espagnoles ne pourront faire aucune arrestation sans l'autorisation du commandant de nos troupes, dans l'arrondissement duquel elles se trouveront;

ART. 2. Les commandants en chef des corps de notre armée feront élargir tous ceux qui ont été arrêtés arbitrairement et pour des motifs politiques, notamment les miliciens rentrant chez eux.

Sont toutefois exceptés ceux qui depuis leur rentrée dans leurs foyers, ont donné de justes motifs de plaintes.

ART. 3. Les commandants en chef de notre armée sont autorisés à faire arrêter ceux qui contreviendraient au présent ordre.

ART. 4. Tous les journaux et journalistes sont placés sous la surveillance des commandants de nos troupes.

ART. 5. La présente ordonnance sera imprimée et affichée partout.
Fait à notre quartier général d'Andujar, le 8 août 1823.

> *Signé* : LOUIS-ANTOINE.

et plus bas : Par S. A. R. le prince général en chef ;

> Le major général,
>
> Comte GUILLEMINOT.

32. La lettre de M. de La Ferronnays fait autant d'honneur à Chateaubriand qu'à celui qui l'a écrite.

Saint-Pétersbourg, 4 juillet 1824.

Le courrier russe arrivé avant-hier, m'a remis votre petite lettre du 16 juin dernier (l'annonce de sa destitution)..... Ce qui vient de se passer reste pour moi entièrement inexplicable; j'en ignore absolument les causes, mais j'en vois les effets; ils étaient si faciles, si naturels à prévoir, que je suis étonné que l'on ait si peu craint de les braver. Je connais trop cependant la noblesse des sentiments qui vous animent et la pureté de votre patriotisme pour n'être pas bien sûr que vous approuveriez la conduite que j'ai cru devoir suivre dans cette circonstance; elle m'était commandée par mon devoir, par mon amour pour mon pays, et même par votre gloire; vous êtes trop Français pour accepter, dans la situation où vous vous trouvez, la protection et l'appui des étrangers; vous avez pour jamais acquis la confiance et l'estime de l'Europe, mais c'est la France que vous servez, c'est à elle seule que vous appartenez ; elle peut être injuste, mais ni vous, ni vos amis, ne souffriront jamais que l'on rende votre cause moins pure et moins belle en confiant sa défense à des voix étrangères. J'ai donc fait taire toute espèce de sentiments et de considérations particulières devant l'intérêt général ; j'ai prévenu des démarches dont le premier effet pouvait être de susciter parmi nous des divisions dangereuses et de porter atteinte à la dignité du trône. C'est le dernier service que j'ai rendu ici avant mon départ. Vous seul, monsieur le vicomte, en aurez connaissance, la confidence vous en était due, et je connais trop la noblesse de votre caractère, pour n'être pas bien sûr que vous me garderez le secret et que vous trouverez ma conduite dans cette circonstance, conforme aux sentiments que vous avez le droit d'exiger de ceux que vous honorez de votre estime et de votre amitié.

Adieu, monsieur le vicomte; si les rapports que j'ai eu l'honneur d'avoir avec vous ont pu vous donner une idée juste de mon caractère, vous devez savoir que ce ne sont pas les changements de situation qui peuvent influencer mes sentiments et vous ne douterez jamais de l'attachement et du dévouement de celui qui, dans les circonstances actuelles, s'estime le plus heureux des hommes d'être placé, dans l'opinion publique, au nombre de vos amis.

(*Congrès de Vérone.*)   LA FERRONNAYS.

33. Nous rapportons l'article tout entier.

« C'est pour la seconde fois que M. de Chateaubriand subit l'épreuve d'une destitution solennelle.

« Il fut destitué en 1816, comme ministre d'État, pour avoir attaqué dans son immortel ouvrage de la *Monarchie selon la Charte*, la fameuse ordonnance du 5 septembre qui prononçait la dissolution de la chambre introuvable de 1815. MM. de Villèle et de Corbière étaient alors de simples députés chefs de l'opposition royaliste, et c'est pour avoir embrassé leur défense que M. de Chateaubriand devint la victime de la colère ministérielle.

« En 1824, M. de Chateaubriand est encore destitué, et c'est pour MM. de Villèle et de Corbière, devenus ministres, qu'il est sacrifié ! Chose singulière! En 1816, il fut puni d'avoir parlé; en 1824, on le punit de s'être tu; son crime est d'avoir gardé le silence dans la discussion de la loi sur les rentes. Toutes les disgrâces ne sont pas des malheurs; l'opinion publique, juge suprême, nous apprendra dans quelle classe il faut placer M. de Chateaubriand ; elle nous apprendra aussi à qui l'ordonnance de ce jour aura été le plus fatale, ou du vainqueur, ou du vaincu.

Qui nous eût dit à l'ouverture de la session que nous gâterions ainsi tous les résultats de l'entreprise d'Espagne? Que nous fallait-il cette année? Rien que la loi sur la septennalité (mais la loi complète) et le budget. Les affaires de l'Espagne, de l'Orient et des Amériques, conduites comme elles l'étaient, prudemment et en silence, seraient éclaircies; le plus bel avenir était devant nous; on a voulu cueillir un fruit vert, il n'est pas tombé et l'on a cru remédier à de la précipitation par de la violence. La colère et l'envie sont de mauvais conseillers; ce n'est pas avec les passions et en marchant par saccades que l'on conduit les États.

P. S. La loi sur la septennalité a passé ce soir à la Chambre des Députés; on peut dire que les doctrines de M. de Chateaubriand triomphent après sa sortie du ministère. Cette loi qu'il avait conçue depuis longtemps, comme complément de nos institutions, marquera à jamais, avec la guerre d'Espagne, son passage aux affaires. On regrette bien vivement que M. de Corbière ait enlevé la parole samedi à celui qui était alors son illustre collègue. La Chambre des Députés aurait au moins entendu le chant du cygne.

Quant à nous, c'est avec le plus vif regret que nous rentrons dans une carrière de combats, dont nous espérions être à jamais sortis par l'union des royalistes; mais l'honneur, la fidélité politique, le bien de la France ne nous ont pas permis d'hésiter sur le parti que nous devions prendre.

LETTRE DE CHATEAUBRIAND AU ROI.

34 Sire,

Permettez à un sujet fidèle, que les moments d'agitation retrouvent toujours au pied du trône (Chateaubriand, ce sujet fidèle l'a prouvé en 1830 d'une manière irrécusable), de confier à Votre Majesté quelques réflexions qu'il croit utiles à la gloire de la couronne, comme au bonheur et à la sûreté du Roi.

Sire, il n'est que trop vrai, il y a péril dans l'État, mais il est certain que ce péril n'est rien, si on ne contrarie pas les principes mêmes du Gouvernement.

Un grand secret, sire, a été révélé : vos ministres ont eu le malheur d'apprendre à la France que ce peuple, que l'on disait ne plus exister, était tout vivant encore. Paris, pendant deux fois vingt-quatre heures a échappé à l'autorité. Les mêmes scènes se répètent dans toute la France : les factions n'oublieront pas cet essai.

Mais les rassemblements populaires, si dangereux dans les monarchies absolues, parce qu'elles sont en présence du souverain, sont peu de chose dans les monarchies représentatives, parce qu'elles ne sont en contact qu'avec des ministres, ou qu'avec des lois. Entre le monarque et les sujets se trouve une barrière qui arrête tout : les deux Chambres et les institutions publiques. En dehors de ces mouvements, le Roi voit toujours son autorité et sa personne sacrée à l'abri.

Mais, sire, il y a une condition indispensable à la sûreté générale, c'est d'agir dans l'esprit des institutions : une résistance de votre Conseil à cet esprit rendrait les mouvements populaires aussi dangereux dans la monarchie représentative, qu'ils le sont dans la monarchie absolue.

De la théorie, je passe à l'application.

Votre Majesté va paraître à la revue : elle y sera accueillie comme elle le doit, mais il est possible qu'elle entende au milieu des cris de « Vive le Roi! » d'autres cris qui lui feront connaître l'opinion publique sur les ministres.

De plus, sire, il est faux qu'il y ait à présent, comme on le dit, une faction républicaine; mais il est vrai qu'il y a des partisans d'une monarchie illégitime : or ceux-ci sont trop habiles pour ne pas profiter de l'occasion et ne pas mêler leurs voix le 29, à celle de la France, pour donner le change.

Que fera le Roi? Cédera-t-il les ministres aux acclamations populaires? Ce serait tuer le pouvoir. Le Roi gardera-t-il ses ministres? Ces ministres feront retomber sur la tête de leur auguste maître l'impopularité qui les poursuit. Je sais bien que le Roi aurait le courage de se charger d'une douleur personnelle pour éviter un mal à la Monarchie; mais on peut, par le moyen le plus simple, éviter ces calamités; permettez-moi, sire, de vous le dire : on le peut en se renfermant dans l'esprit de nos institutions. Les ministres ont perdu la majorité dans la chambre des Pairs et dans la nation ; la conséquence naturelle de cette position critique est leur retraite. Comment, avec le sentiment de leurs devoirs, pourraient-ils s'obstiner en restant au pouvoir, à compromettre la couronne! En mettant leur démission aux pieds de Votre Majesté, ils calmeront tout, ils finiront tout : ce n'est plus le Roi qui cède, ce sont les ministres qui se retirent d'après tous les usages et tous les principes du gouvernement représentatif. Le Roi pourra reprendre ensuite parmi eux ceux qu'il jugera à propos de conserver ; il y en a deux que l'opinion honore : M. le duc de Doudeauville et M. le comte de Chabrol.

La revue perdrait ainsi ses inconvénients et ce ne serait plus qu'un triomphe sans mélange. La session s'achèvera en paix au milieu des bénédictions répandues sur la tête du Roi.

Sire, pour avoir osé écrire cette lettre, il faut que je sois bien persuadé de la nécessité de prendre une résolution, il faut qu'un devoir bien impérieux m'ait poussé. Les ministres sont mes ennemis, je suis le leur ; je leur pardonne comme chrétien ; mais je ne puis jamais leur pardonner comme homme : dans cette situation je n'aurais jamais parlé au Roi de leur retraite, s'il n'y allait du salut de la Monarchie.

    Je, etc.   CHATEAUBRIAND.

Cette lettre est restée sans réponse. Mme la Dauphine et Mme la Duchesse de Berry furent insultées en se rendant à la revue. Le Roi fut généralement bien accueilli, mais une ou deux compagnies de la 6ᵉ légion crièrent : « A bas les Jésuites! » Charles X offensé répliqua : « Je suis venu ici pour recevoir des hommages et non pas des leçons ! » Mais l'effet avait été généralement bon et le Roi avait dit en rentrant au duc de Reggio : « témoignez ma satisfaction à la garde nationale. »

Pendant que Charles X tenait ce langage au commandant en chef de la garde nationale, les bataillons de cette garde revenaient dans leurs quartiers et dans leur marche faisaient éclater leurs hostilités contre M. de Villèle et ses collè-

gues par les cris de : A bas les ministres ! « à bas les jésuites ! » Ces cris furent
proférés avec une nouvelle force rue de Rivoli et place Vendôme, devant le
ministère des Finances et le ministère de la Justice, et on ajoutait : « A bas Villèle ! à bas Peyronnet ! » A ce moment, les ministres étaient réunis à dîner
chez M. d'Apponi, ambassadeur d'Autriche ; averti de ces manifestations, ils ne
tardèrent pas à se rendre au ministère de l'Intérieur ; on présenta ces cris
tumultueux comme des cris de révolte et la plupart des ministres furent d'a-
vis qu'il fallait dissoudre la garde nationale. Les ministres se transportèrent
immédiatement aux Tuileries ; un second conseil s'y tint sous la présidence
du Roi, et le résultat de la discussion fut la dissolution définitive de la garde
nationale. Le vote toutefois ne fut pas unanime. MM. de Villèle, de Corbière,
de Damas, de Peyronnet et de Clermont-Tonnerre, opinèrent seuls pour le
licenciement absolu ; MM. de Chabrol et de Fraissinous n'admettaient que la
dissolution de quelques bataillons, le duc de Doudeauville s'opposait à toute
dissolution. La majorité avait prononcé : l'ordonnance rédigée sur-le-champ
fut transmise le soir même au duc de Reggio ; le lendemain matin, elle parut
au Moniteur et la garde royale et les troupes de ligne relevaient la garde nationale dans tous les postes.

(*Mémoires d'Outre-Tombe*, *Histoire des deux Restaurations*, par M. de
Vaulabelle.)

35. ... « Elle (la Restauration) s'éleva contre les traités de Vienne, elle réclama
des frontières protectrices, non pour la gloriole de s'étendre jusqu'au bord du
Rhin, mais pour chercher sa sûreté ; elle a ri lorsqu'on lui parlait de l'équilibre
de l'Europe, si injustement rompu envers elle : c'est pourquoi elle désira
d'abord se couvrir au midi, puisqu'il avait plu de la désarmer au Nord. A
Navarin elle retrouva une marine et la liberté de la Grèce : la question d'O-
rient ne la prit point au dépourvu. J'ai gardé trois opinions sur l'Orient
depuis l'époque où j'écrivis ce mémoire :

« 1° Si la Turquie d'Europe doit être dépecée, nous devons avoir un lot dans
ce morcellement, par un agrandissement de territoire sur nos frontières et par
la possession de quelque point militaire dans l'Archipel. Comparer le partage
de la Turquie au partage de la Pologne est une absurdité.

« 2° Considérer la Turquie, telle qu'elle était au règne de François 1er,
comme une puissance utile à notre politique, c'est retrancher trois siècles de
l'histoire.

« 3° Prétendre civiliser la Turquie en lui donnant des bateaux à vapeur et
des chemins de fer, en disciplinant ses armées, en lui apprenant à manœu-
vrer les flottes, ce n'est pas étendre la civilisation en Orient, c'est introduire
le barbarisme en Occident ; des Ibrahims futurs pourront ramener l'avenir au
temps de Charles Martel, ou au temps du siége de Vienne, quand l'Europe fut
sauvée par cette héroïque Pologne, sur laquelle pèse l'ingratitude des rois. »

Chateaubriand a fait précéder ce mémoire des considérations ci-dessus et d'autres encore. Nous regrettons de ne pouvoir le reproduire ici tout entier nous nous bornerons à en donner les conclusions :

« 1° La Turquie consentit-elle (la Turquie était en guerre avec la Russie,) à traiter sur les bases du traité du 6 juillet, rien ne serait encore décidé, la paix n'étant pas faite entre la Turquie et la Russie; les chances de la guerre dans les Balkans changeraient à chaque instant les données et la position des plénipotentiaires occupés de l'émancipation de la Grèce.

« 2° Les conditions probables de la paix entre l'empereur Nicolas et le sultan Mahmoud sont sujettes aux plus grandes objections.

« 3° La Russie peut braver l'union de l'Angleterre et de l'Autriche, union plus formidable en apparence qu'en réalité.

« 4° Il est probable que la Prusse se réunirait plutôt à l'empereur Nicolas, gendre de Frédéric-Guillaume III qu'aux ennemis de l'Empereur.

« 5° La France aurait tout à perdre et rien à gagner en s'alliant avec l'Angleterre et l'Autriche contre la Russie.

« 6° L'indépendance de l'Europe ne serait point menacée par les conquêtes des Russes en Orient. C'est une chose passablement absurde, c'est ne tenir compte d'aucun obstacle que de faire accourir les Russes du Bosphore pour imposer leur joug à l'Allemagne et à la France : tout empire s'affaiblit en s'étendant. Quant à l'équilibre des forces, il y a longtemps qu'il est rompu pour la France. — Elle a perdu ses colonies, elle est resserrée dans ses anciennes limites, tandis que l'Angleterre, la Prusse, la Russie et l'Autriche se sont prodigieusement agrandies.

« 7°. Si la France était obligée de sortir de sa neutralité, de prendre les armes pour un parti, ou pour un autre, les intérêts généraux de la civilisation, comme les intérêts particuliers de notre patrie, doivent nous faire entrer de préférence dans l'alliance russe. Par elle, nous pourrions obtenir le cours du Rhin pour frontières et des colonies dans l'Archipel, avantages que ne nous accorderont jamais les cabinets de Saint James et de Vienne. » (*Mémoires d'Outre-Tombe.*)

36. Chateaubriand avait été prévenu, grâce aux intelligences secrètes qu'il s'était ménagées dans le Conclave, qu'un certain nombre de voix s'étaient réunies sur le cardinal Albani, chargé des instructions de l'Autriche et désigné officiellement pour remplir cette mission ; ces rumeurs inquiétaient beaucoup l'ambassadeur. M. le cardinal de Clermont-Tonnerre, archevêque de Toulouse, étant arrivé un peu plus tard à Rome, entra au Conclave après les autres cardinaux français : ce fut donc lui qui fut chargé de l'*exclusive* dont il est ici question. Le cardinal Albani ne fut pas élu.

37. Le cardinal Albani fut désigné comme secrétaire d'État, afin de donner aussi une satisfaction à l'Autriche.

38. Voici le cri de triomphe de l'ambassadeur :

A madame Récamier.

« Victoire ! J'ai un des papes que j'avais mis sur ma liste. Castiglione, le cardinal même que je portais en 1823, lorsque j'étais ministre, celui qui m'a répondu (comme chef d'ordre) dernièrement au Conclave de 1829, en me donnant force louanges. Castiglione est modéré et dévoué à la France : c'est un triomphe complet. » (Mémoires d'Outre-Tombe.)

39. Premier discours au sacré collége :

Éminentissimes Seigneurs,

« Il n'y a pas encore six ans que M. le duc de Laval-Montmorency vint au milieu de vous pour unir sa douleur à la vôtre, lorsque Pie VII, de religieuse mémoire, fut rappelé auprès du chef invisible de l'église. Le roi Louis XVIII, au nom duquel mon vénérable prédécesseur vous porta la parole, est allé lui-même se placer auprès de saint Louis. J'étais alors ministre du vénérable monarque restaurateur des libertés de la France. Mon nom eut l'insigne honneur de paraître dans les lettres qui furent adressées au sacré collége et c'est moi qui viens aujourd'hui, ambassadeur de Charles X, roi non moins magnanime que son frère, vous exprimer le regret qu'éprouvera mon auguste maître pour la perte d'un Souverain Pontife, que vos suffrages n'avaient point encore revêtu de l'autorité suprême, à l'époque que je rappelle.

« Ici, vos Éminences reconnaîtront les voies cachées de la Providence et cette fragilité des choses humaines qui doivent être surtout présentes à la pensée de cette assemblée des princes de l'Église, où j'aperçois tant de courageux confesseurs de la foi.

« Que vous dirai-je, messeigneurs, que vous ne sentiez mieux que moi ? La mémoire de Léon XII sera vénérée par la France. Le royaume que gouverne si glorieusement le fils aîné de l'Église n'oubliera pas les conseils pacifiques qui ont empêché la discorde de troubler même passagèrement les nouvelles prospérités de ma patrie. Léon XII joignait à ses vertus apostoliques cette modération de l'esprit et cette connaissance de son siècle, si nécessaires aux chefs des empires.

« Éminentissimes seigneurs, vos lumières assureront au Saint-Siége dans le prochain conclave, un successeur digne de ce pontife conciliateur. Si vous êtes des princes puissants, vous êtes aussi les ministres de cette religion charitable qui abolit l'esclavage parmi les hommes, qui simple et sublime à la la fois est appropriée aux besoins de la société naissante et à ceux de la société perfectionnée; vos suffrages indépendants iront bientôt chercher parmi vos pairs un vrai pasteur pour la chrétienté, un souverain éclairé pour la plus illustre portion de cette noble Italie qui dicta des lois au monde antique, qui civilisera le monde moderne, qui, toujours féconde et jamais épuisée, nourrit aujourd'hui, à l'ombre de sa gloire, le souvenir de sa grandeur.

« Qu'il me soit permis, Éminentissimes seigneurs, d'offrir en particulier au sacré collége l'hommage de ma profonde vénération.

DEUXIÈME DISCOURS AU CONCLAVE :

Éminentissimes Seigneurs,

« La réponse de Sa Majesté Très-Chrétienne à la lettre que lui a adressée le sacré collége vous exprime, avec la noblesse qui appartient au Fils aîné de l'Église, la douleur que Charles X a ressentie en apprenant la mort du Père des fidèles et la confiance qu'il repose dans le choix que la Chrétienté attend de vous.

« Le Roi m'a fait l'insigne honneur de me désigner à l'entière créance du sacré collége réuni en conclave. Je viens une seconde fois, Éminentissimes seigneurs, vous témoigner mes regrets pour la perte du pontife conciliateur qui voyait la véritable religion dans l'obéissance aux lois et dans la concorde évangélique ; de ce souverain qui, pasteur et prince, gouvernait l'humble troupeau de Jésus-Christ du faîte des gloires diverses qui se rattachent au grand nom de l'Italie. Successeur futur de Léon XII, qui que vous soyez, vous m'écoutez sans doute en ce moment ; pontife à la fois présent et inconnu, vous allez bientôt vous asseoir dans la chaire de Saint-Pierre, à quelques pas du Capitole, sur les tombeaux de ces Romains de la République et de l'Empire qui passèrent de l'idolâtrie des vertus à celle des vices, sur ces catacombes où reposent les ossements non entiers d'une autre espèce de Romains. Quelle parole pourrait s'élever à la majesté du sujet ? Quelle voix pourrait s'ouvrir un passage à travers ces amas d'années qui ont étouffé tant de voix plus puissantes que la mienne ! Vous-même, illustre sénat de la Chrétienté, pour soutenir le poids de ces innombrables souvenirs, pour regarder en face les siècles rassemblés autour de vous sur les ruines de Rome, n'avez-vous pas besoin de vous appuyer à l'autel du sanctuaire, comme moi au trône de saint Louis ?

« A Dieu ne plaise, Éminentissimes seigneurs, que je vous entretienne ici de quelqu'intérêt particulier, que je vous fasse entendre le langage d'une étroite politique ; les choses sacrées veulent être envisagées aujourd'hui sous des rapports plus généraux et plus dignes. Le Christianisme qui renouvela la face du monde, a vu depuis se transformer les sociétés auxquelles il avait donné la vie. Au moment même où je parle, le genre humain est arrivé à l'une des époques caractéristiques de son existence ; la religion chrétienne est encore là pour le saisir, parce qu'elle garde dans son sein tout ce qui convient aux esprits éclairés et aux cœurs généreux, tout ce qui est nécessaire au monde qu'elle a sauvé de la corruption du paganisme et de la destruction de la barbarie. En vain l'impiété a prétendu que le Christianisme favorisait l'oppression et faisait rétrograder les jours : à la publication du nouveau pacte scellé du sang du Juste, l'esclavage a cessé d'être le droit commun des

nations; l'effroyable définition de l'esclavage a été effacée du code romain.
Non tam viles, quam nulli sunt. Les sciences demeurées presque station-
naires dans l'antiquité, ont reçu une impulsion rapide de cet esprit apostolique
et qui hâta l'écroulement du vieux monde; partout où le christianisme s'est
éteint, la servitude et l'ignorance ont reparu. Lumière, quand elle se mêle
aux facultés intellectuelles, sentiment, quand elle s'associe aux mouvements de
l'âme, la religion chrétienne croît avec la civilisation et marche avec le temps:
un des caractères de la perpétuité qui lui est propre, c'est d'être toujours du
siècle qu'elle voit passer, sans passer elle-même. La morale évangélique,
raison divine, appuie la raison humaine dans ses progrès vers un but qu'elle
n'a pas encore atteint : après avoir traversé les âges de ténèbres et de force,
le Christianisme devient chez les peuples modernes le perfectionnement même
de la société.

« Éminentissimes seigneurs, vous choisirez pour le pouvoir des clefs un
homme de Dieu et qui comprendra bien sa haute mission. Par son caractère
universel, qui n'a jamais eu de modèle, ou d'exemple dans l'histoire, un conclave n'est pas le conseil d'un état particulier, mais celui d'une nation composée des nations les plus diverses, et répandues sur la surface du globe.
Vous êtes, Éminentissimes seigneurs, les augustes mandataires de l'immense
famille chrétienne, pour un moment orpheline. Des hommes qui ne vous ont
jamais vus, qui ne vous verront jamais, qui ne savent pas vos noms, qui ne
parlent pas votre langue, qui habitent loin de vous sous un autre soleil,
au delà des mers, aux extrémités de la terre, se soumettront à vos décisions que rien en apparence ne les oblige à suivre, obéiront à vos lois
qu'aucune force matérielle n'impose, accepteront de vous un père spirituel
avec respect et gratitude : tels sont les prodiges de la conviction religieuse. Princes de l'Église, il vous suffira de laisser tomber vos suffrages
sur l'un de vous, pour donner à la Communion des fidèles un chef qui, puissant par sa doctrine et par l'autorité du passé, n'en connaisse pas moins les
nouveaux besoins du présent et de l'avenir; un pontife d'une vie sainte,
mêlant la douceur de la charité et la sincérité de la foi. Toutes les couronnes
forment le même vœu, toutes ont un même besoin de modération et de paix :
que ne doit-on pas attendre de cette heureuse harmonie? que ne peut-on
pas espérer, Éminentissimes seigneurs, de vos lumières et de vos vertus ?

« Il ne me reste qu'à vous renouveler l'expression de la sincère estime et de
la parfaite affection du souverain aussi pieux que magnanime, dont j'ai l'honneur d'être l'interprète auprès de vous.

(Chateaubriand et son Temps par le comte de Marcellus.)

40. Cependant, au désir de revoir la France, se mêlait un profond regret
de quitter Rome et quelqu'inquiétude sur ce qu'il allait voir dans sa patrie.
Il écrivait à M. de Marcellus :

« Vous m'avez vu regretter Londres au moment de partir pour Vérone;

aujourd'hui à la veille de partir pour la France, je regrette Rome. J'ai le congé que j'avais demandé et je suis peu disposé à m'en servir. Si madame de Chateaubriand veut aller à Paris toute seule, je pourrai bien passer ici mon été. Je traite pour cela avec M. Bunsen, le ministre de Prusse, la cession de son logement au Capitole. Qu'irais-je voir chez nous? le tumulte des antichambres, peut-être des rêves, des luttes de vanité; après mon conclave et son tapage, j'ai pris goût aux ruines et à la solitude. »

(Chateaubriand et son Temps.)

41. Voici les deux derniers paragraphes du discours du roi : « Messieurs, le premier besoin de mon cœur est de voir la France heureuse et respectée, développer toutes les richesses de son sol et de son industrie et jouir en paix des institutions, dont j'ai la ferme volonté de consolider le bienfait. La charte a placé les libertés publiques sous *la sauvegarde des droits de ma couronne : ces droits sont sacrés; mon devoir envers mon peuple est de les transmettre intacts à mes successeurs.*

« Pairs de France, Députés des départements, je ne doute pas de votre concours pour opérer le bien que je veux faire; vous repousserez les perfides insinuations que la malveillance cherche à propager. Si de coupables manœuvres suscitaient à mon gouvernement des obstacles que je ne veux pas prévoir, je *trouverais la force de les surmonter dans ma résolution de maintenir la paix publique, dans la juste confiance des Français et l'amour qu'ils ont toujours montré pour leur roi.* » (*Moniteur du 3 mars 1830.*)

42. Le projet d'adresse fut lu et adopté dans la séance de la Chambre des Pairs du 8 mars 1830. (*Moniteur du 9 mars 1830.*)

43. Nous citerons les derniers passages de cette adresse : « Cependant, sire, au milieu des sentiments unanimes de respect et d'affection dont votre peuple vous entoure, il se manifeste dans les esprits une vive inquiétude qui trouble la sérénité dont la France avait commencé à jouir, altère les sources de sa prospérité et pourrait, si elle se prolongeait, devenir funeste à son repos. Notre conscience, notre honneur, la fidélité que nous avons jurée et que nous vous garderons toujours, nous inspirent le devoir de vous en dévoiler la cause.

« Sire, la Charte que nous devons à la sagesse de votre Auguste Prédécesseur, et dont Votre Majesté a la ferme volonté de consolider le bienfait, consacre comme un droit l'intervention du pays dans la délibération des intérêts publics. Cette intervention devait être, elle est en effet indirecte, sagement mesurée, circonscrite dans des limites exactement tracées et que nous ne souffrirons jamais que l'on tente de franchir; mais elle est positive dans son résultat; car elle fait du concours permanent des vues politiques de votre Gouvernement avec les vœux de votre peuple, la condition indispensable de la marche régulière des affaires publiques. Sire, notre loyauté, notre dévouement nous condamnent à vous dire que ce concours n'existe pas.

« Une défiance injuste des sentiments et de la raison de la France est aujourd'hui la pensée fondamentale de l'administration. Votre peuple s'en afflige, parce qu'elle est injurieuse pour lui; il s'en inquiète, parce qu'elle est menaçante pour ses libertés.

« Cette défiance ne saurait approcher de votre noble cœur. *Non, sire, la France ne veut pas plus de l'anarchie que vous ne voulez du despotisme*; elle est digne que vous ayez foi dans sa loyauté, comme elle a foi dans vos promesses.

« Entre ceux qui méconnaissent une nation si calme, si fidèle, et nous, qui, avec une conviction profonde, venons déposer dans votre sein les douleurs de tout un peuple, jaloux de l'estime et de la confiance de son Roi, que la Haute Sagesse de Votre Majesté prononce! Les royales prérogatives ont placé dans ses mains les moyens d'assurer entre les pouvoirs de l'État cette harmonie constitutionnelle, première et nécessaire condition de la force du Trône et de la grandeur de la France. »

Le Roi a répondu :

« Messieurs, j'ai entendu l'adresse que vous me présentez au nom de la Chambre des Députés.

« J'avais droit de compter sur le concours des deux Chambres pour accomplir tout le bien que je méditais; mon cœur s'afflige de voir les députés des départements déclarer que, de leur part, ce concours n'existe pas.

« Messieurs, j'ai annoncé mes résolutions dans mon discours d'ouverture de la session. Ces résolutions sont immuables; l'intérêt de mon peuple me défend de m'en écarter.

« Mes ministres vous feront connaitre mes instructions. » (1) (*Moniteur du 19 Mars*)

44. Ces ordonnances, précédées d'un rapport au Roi, fort étendu et signé par sept ministres (MM. le prince de Polignac, Chantelauze, baron d'Haussez, comte de Peyronnet, Montbel, comte de Guernon-Ranville, baron Capelle), parurent dans le *Moniteur* du lundi 26 juillet.

45. Le Moniteur n'a pas inséré l'ordonnance royale qui a nommé M. le duc de Mortemart, président du conseil des ministres.

46. La Chambre des Pairs dans un noble esprit d'impartialité a ordonné l'impression de ce discours.

47. Avant cette rencontre, des lettres avaient été échangées entre le prince Louis-Napoléon et Chateaubriand. Après avoir lu la brochure de la *Monarchie élective*, le Prince écrit à Chateaubriand :

(1) Ces mots sont soulignés dans le *Moniteur*.

Le 4 mai 1823.

Monsieur le vicomte,

Je viens de lire votre dernière brochure; que les Bourbons sont heureux d'avoir pour soutien un génie tel que le vôtre! Vous relevez une cause avec les mêmes armes qui ont servi à l'abattre; vous trouvez des paroles qui font vibrer tous les cœurs français. Tout ce qui est national trouve de l'écho dans votre âme; ainsi, quand vous parlez du grand homme qui illustra la France pendant vingt ans, la hauteur du sujet vous inspire, votre génie l'embrasse tout entier et votre âme alors, s'épanchant naturellement, entoure la plus grande gloire des plus grandes pensées.

« Moi aussi, Monsieur le Vicomte, je m'enthousiasme pour tout ce qui fait l'honneur de mon pays ; c'est pourquoi, me laissant aller à mon impulsion, j'ose vous témoigner la sympathie que j'éprouve pour celui qui montre tant de patriotisme et tant d'amour de la liberté. »

. . . .

Le prince Louis habite un pavillon à part où j'ai vu des armes, des cartes topographiques et stratégiques..... C'est un jeune homme studieux, instruit, plein d'honneur, naturellement grave.

. . . .

Le prince Louis m'ayant donné la brochure intitulée *Rêveries politiques*, je lui ai écrit cette lettre :

Prince,

« J'ai lu avec attention la petite brochure que vous avez bien voulu me confier. J'ai mis par écrit, comme vous l'avez désiré, quelques réflexions naturellement nées des vôtres et que j'avais déjà soumises à votre jugement. Vous savez, prince, que mon jeune roi...

. . . . Un soir je vis entrer M. Berryer; il revenait de Lausanne et m'apprit l'arrestation de madame la duchesse de Berry... Mes projets de repos furent encore une fois renversés. Quand la mère de Henri V avait cru à des succès, elle m'avait donné mon congé; son malheur déchirait son dernier billet et me rappelait à sa défense. Je partis sur-le-champ de Genève après avoir écrit aux ministres..... Je préfère, dit-on, une famille à ma patrie : non, je préfère au parjure la fidélité à ses serments, le monde moral à la société matérielle; voilà tout : pour ce qui est de la famille, je ne m'y consacre que dans la persuasion qu'elle était essentiellement utile à la France; je confonds sa prospérité avec celle de la patrie, et lorsque je déplore les désastres de l'une, je déplore les désastres de l'autre... » (*Mémoires d'Outre-Tombe.*)

49. Le mémoire sur *la Captivité de madame la duchesse de Berry* m'a valu, dans le parti royaliste, une immense popularité. Les députations et les lettres me sont arrivées de toutes parts. J'ai reçu du nord et du midi de la France

des adhésions couvertes de plusieurs milliers de signatures ; elles demandent toutes la mise en liberté de madame la duchesse de Berry. Quinze cents jeunes gens sont venus me complimenter, non sans un grand émoi de la police : j'ai reçu une coupe de vermeil avec cette inscription : « A Chateaubriand, les Villeneuvois fidèles (Lot-et-Garonne). Une ville du midi m'a envoyé de très-bon vin pour remplir cette coupe, mais je ne bois pas. Enfin la France légitimiste a pris pour devise ces mots : « Madame, votre fils est mon Roi ? » Et plusieurs journaux les ont adoptés pour épigraphe ; on les a gravés sur des colliers et sur des bagues. Je serai le premier à avoir dit en face de l'usurpation une vérité que personne n'osait dire, et, chose étrange ! je crois moins au retour de Henri V que le plus misérable juste milieu, ou le plus violent républicain. (*Mémoires d'Outre-Tombe.*)

50. Extrait de la lettre de madame la duchesse de Berry... « Je vous charge donc, monsieur, spécialement d'aller à Prague et de dire à mes parents que si je me suis refusée jusqu'au 22 février à déclarer mon mariage secret, ma pensée était de servir davantage la cause de mon fils et de prouver qu'une mère, une Bourbon, ne craignait pas d'exposer ses jours. Je comptais seulement faire connaître mon mariage à la majorité de mon fils, mais les menaces du Gouvernement, les tortures morales poussées au dernier degré, m'ont décidée à faire ma déclaration. Dans l'ignorance où je suis, de l'époque à laquelle ma liberté me sera rendue, après tant d'espérances déçues, il est temps de donner à ma famille et à l'Europe entière une explication qui puisse prévenir des suppositions injurieuses. Vous direz à ma famille que je suis mariée en Italie au comte Hector de Luchesi-Palli, des princes de Campo-Franco.-.

« Désirant rester Française avant tout, je vous demande d'obtenir du Roi de conserver mon titre de princesse et mon nom. La mère du Roi de Sardaigne s'appela toujours la princesse de Carignan, malgré qu'elle ait épousé M. de Montléar auquel elle a donné le titre de prince ; Marie-Louise, duchesse de Parme, a conservé son titre d'impératrice en épousant le comte de Nieperg... » (*Lettre et note de madame la duchesse de Berry.*)

(Mémoires d'Outre-Tombe.)

... 51. *Congrès de Vérone* « Nous avons fait autrefois de l'histoire ensemble, disait-il en 1837 à M. de Marcellus, maintenant il faut l'écrire, on m'y force. On a tant déprisé et si mal connu cette courte histoire de la Restauration pendant laquelle j'ai été ministre, que je ne puis me résoudre à mourir sans avoir rétabli la vérité. Je dirai tout, ou presque tout ; et je donnerai, le premier dans notre époque, l'exemple de dépêches confidentielles exposées en plein soleil, au grand effroi de nos archivistes. Je vais manquer sans remords à la discipline et divulguer le mot d'ordre. Mais, c'est sans danger ; il y a longtemps que la sentinelle est relevée et que la place est prise. La gravité de nos mystères

diplomatiques y perdra peut-être quelque chose, mais notre caractère natio
nal y gagnera.

« Si, comme la plupart des secrétaires d'État, nous avions commandé des dépêches à nos chefs de division, nous contentant de minuter la page (le prince
de Talleyrand faisait ainsi), de pareilles dépêches n'auraient de valeur que
celle des documents de fabrique, faits à la machine des bureaux; mieux vau-
drait sans doute alors compulser les banalités polit ques, pour en extraire une
histoire. Mais peu de diplomates se sont trouvés dans notre position; le hasard, une fois, avait placé dans un emploi éminent un homme ayant l'usage
d'écrire ; de là notre correspondance porte l'empreinte d'un caractère indi-
viduel : sorties de notre tête, nos lettres sont de notre main. On a vu nos ouvrages littéraires, on va voir nos œuvres diplomatiques mêlées aux lettres que
nous recevions des rois, des ministres, des généraux et des ambassadeurs. »

M. de Marcellus fit quelques observations sur le danger de ces confidences,
comme l'avait déjà fait M. de la Ferronnays.....

« Bah ! répondit Chateaubriand, La Ferronnays m'a déjà raconté ses scru-
pules et les vôtres (1), rassurez-vous : j'ai beaucoup retranché pour vous plaire.
Vous me coûtez tous les deux quarante mille francs..... Vous ne vous êtes
pas suffisamment, l'un et l'autre, mis par la pensée en dehors de votre siècle
et des affaires; pour juger d'un effet de ton, il faut se placer à distance. C'est
en disant tout qu'on se distingue de la foule des hommes d'État boutonnés
et méticuleux. J'ai conçu la diplomatie sur un nouveau plan ; je parle tout
haut. Vous aviez tort de redouter mes révélations, elles ne pouvaient que
vous faire honneur. Je vous le prédis, vous ferez plus tard, quand vous croi-
rez les dangers amoindris, La Ferronnays et vous, et pour le même motif, ce
que vous m'empêchez de faire maintenant. D'avance, pour mon compte, je
vous y autorise.

« Quoi donc, est-ce que les lettres de d'Estrades et de Torcy ne jettent pas
un grand jour sur les annales de leur temps? et les négociations de Jannin?...
Ce ne sont là pourtant que les émanations de nos archives. Tout récem-
ment encore, le public a-t-il trouvé mauvais que M. de Saint-Simon y ait été

(1) Aux termes des engagements de l'auteur avec la Société chargée exclusivement de l'impression de ses œuvres, chaque volume, en dehors des *Mémoires d'Outre-Tombe*, devait être payé 20,000 francs. Nos réclamations (celles de M. de
Marcellus) unies à celles de plusieurs des sociétaires eux-mêmes, firent opérer
tant de suppressions dans l'histoire du *Congrès de Vérone*, que les quatre volumes
déjà imprimés presqu'en entier, dont l'ouvrage devait se composer, furent réduits
à deux volumes. M. Delloye qui s'était chargé de les publier, détruisit, m'a-t-il dit,
tout le surplus imprimé des volumes. Il n'en garda qu'un seul exemplaire en feuilles,
sur lequel il nota lui-même, pour sa justification et en marge, les retranchements
demandés, refusés ou consentis. Or, cet exemplaire, s'il existe encore, et si la
frénésie des éditions princeps et des raretés bibliographiques se maintient, ne peut
manquer d'exciter un jour une véritable curiosité.

admis pour en extraire un supplément aux satires de son aïeul? Non, non, croyez-moi, il ne s'agit pas ici de ménager quelques amours-propres; nous n'avons,quant à nous, rien à cacher. Ce n'est pas notre pudeur qui a besoin d'un huis clos; je suis mieux placé qu'un autre pour tout dire, puisque apparemment j'ai su tout mieux que personne; et vous me connaissez assez vousmême pour comprendre que je ne m'arrêterai devant aucune vérité, me fûtelle défavorable; car en définitive, je n'attache aucun prix à quoi que ce soit.

« Mais quoi! faudra-t-il par hasard attendre, les plumes croisées, qu'il plût à nos seigneurs des archives d'entr'ouvrir l'armoire aux secrets pour les historiens tels quels de leur choix? et devons-nous ainsi fier sans garantie notre réputation à leur véracité? Ces directeurs de nos arcanes si malléables et si prosternés pendant mon règne, devant les décrets de mon génie se redresseront-ils fièrement tout de suite après mon passage, entre mes dépêches et moi pour m'en interdire l'accès? Non, l'histoire est pour tout le monde, son flambeau, juge et arbitre, doit luire aux yeux de tous. L'époque rapetissée qui nous a succédé apprendra quels furent ses devanciers. Je la défie de dire, à son tour, ce qui s'est passé depuis sept ans avec cette même sincérité qui me fait mettre à nu mon ministère. Ah! si jamais la chronique intime de cette substitution d'un régime sans nom au système légitime nous était révélée, quels étranges mystères épouvanteraient la droiture et l'honnêteté de nos cœurs! Nous n'avons plus pour nous que notre loyauté et notre constance, il faut les montrer. La fidélité, qui était jadis le plus simple des devoirs, est montée au rang des vertus, depuis qu'elle est si peu pratiquée; enfin si les grands seigneurs cousus d'or en font peu de cas, elle bat encore, qu'on le sache bien, dans la poitrine de quelques gentilshommes déguenillés de province!

. . . .

« Il est temps, je vous assure, que cette époque de la Restauration soit connue, et qu'on lui rende enfin justice. Il ne faut pas que de royales supercheries, dont nous sommes chaque jour témoins, aient le pouvoir d'obscurcir la vérité... Cette Angleterre, qui nous voit si humbles depuis 1830, vous souvenez-vous comme nous la tenions de court en 1823? Ne lui avez-vous pas vous-même, dans la note que vous envoya M. de Villèle, proposé la partie? On reconnaîtra que sous ma gestion des affaires, nous portions au loin la tête aussi haut que le cœur, et que j'ai voulu donner aux Bourbons une armée fidèle, une campagne glorieuse; à la France, son indépendance de l'étranger, l'affranchissement des traités de Vienne, et enfin rajeunir l'antique race de ses rois. Il faut qu'on l'avoue, sous la Restauration, la liberté avait remplacé dans nos mœurs le despotisme; la nature humaine s'était relevée; il y avait plus d'air dans la poitrine, comme disait madame de Staël; la publicité de la parole avait succédé au mutisme; les intelligences et l'esprit littéraire renaissaient; et bien que le Français soit né courtisan n'importe de qui, toujours est-il qu'on rampait moins bas. »

« Je vous le répète, je ne veux pas, pour l'honneur de nos annales, que la Restauration reste étouffée sous la vulgarité des temps qui sont venus après elle ; et certes, il ne tiendra pas à moi qu'elle ne reprenne et ne garde le rang qui doit lui être assigné dans l'histoire. (*Politique de la Restauration*.)
Ce qui précède peut servir de préface au *Congrès de Vérone.*

52. Ce traité secret, portant la date du 22 novembre 1822 (1), parut pour la première fois dans le *Morning Chronicle* en 1823 ; le *New Times* journal du matin, et le *Sun*, journal du soir, donnèrent un démenti formel au *Morning Chronicle ;* cette calomnie fut reproduite en 1846 par le *National*, le *Courrier* et l'*Écho Francais :* la *Gazette de France* et quelques autres journaux légitimistes nièrent l'existence de ce traité en s'appuyant sur l'autorité de M. de Chateaubriand, qui n'avait cessé de déclarer que le traité n'avait jamais existé, et qui même avait écrit dans ce sens au journal le *National* quelques années auparavant.

Mais en 1846, Chateaubriand ne voulut pas réfuter de nouveau cette calomnie. « Je ne dirai plus rien, disait-il, tout m'ennuie ; l'ennui est mon élément, j'ai commencé à m'ennuyer dans le ventre de ma mère, et oncques depuis ne me suis désennuyé. L'ennui, il ne me reste plus que cela, et voyez, à mon ennui naturel, quelle masse d'ennui les journaux ajoutent... » Et comme M. de Marcellus insistait sur la nécessité d'une réfutation, Chateaubriand continua : « Ainsi donc, voilà qui reste convenu, taisons-nous : c'est en ce moment mon désir, c'est ma règle ; mais si après moi, et vous n'avez pas longtemps à attendre, la même inquiétude vous agite, ou si la même maladie vous reprend, alors que le souvenir de ce que nous venons de dire ne vous retienne plus, ou plutôt qu'il vous encourage ! Je vous laisse parfaitement libre de tout rectifier plus tard...

« Vous avez été mon interprète diplomatique dans la plus grosse affaire de ma vie, vous serez aussi chargé d'en démêler la queue et de liquider mon compte envers la postérité. Mon ombre vous en saura gré..... Adieu ! Dieu sait si nous nous reverrons !... »

Cependant un mois après cette conversation, la calomnie ayant été répétée dans la *Revue de Genève*, Chateaubriand rompit le silence et écrivit :

« Vous le savez, monsieur, je suis bien vieux et n'ai plus guères le temps de fouiller dans ma vie. Tout ce que je puis dire, c'est que je n'ai jamais rien signé contre la liberté, et que les choses qu'on m'attribue sont une indigne calomnie. Il suffit pour s'en convaincre de se souvenir que je n'étais rien à Vérone et que M. le duc de Montmorency (le vicomte Mathieu de Montmorency), sous lequel j'étais, avait seul le droit de signer les actes du Congrès. (*Politique de la Restauration.*)

(1) C'est le jour du départ de M. de Montmorency de Vérone pour revenir à Paris.

53. Discours prononcé par M. de Buffon le jour de sa réception à l'Académie française dans la séance du samedi 25 août 1763.

Voici le passage entier dont j'ai cité quelques mots :

« Les ouvrages bien écrits seront les seuls qui passeront à la postérité : la quantité des connaissances, la singularité des faits, la nouveauté même des découvertes ne sont pas de sûrs garants de l'immortalité, si les ouvrages qui les contiennent ne roulent que sur de petits objets, s'ils sont écrits sans goût, sans noblesse, sans génie, ils périront, parce que les connaissances, les faits et les découvertes s'enlèvent aisément, se transportent et gagnent même à être mis en œuvre par des mains plus habiles. Ces choses sont hors de l'homme, le style est de l'homme même. Le style ne peut donc ni s'enlever, ni se transporter, ni s'altérer ; s'il est élevé, noble, sublime, l'auteur sera également admiré dans tous les temps ; car il n'y a que la vérité qui soit durable et éternelle. Or un beau livre n'est tel en effet que par le nombre infini des vérités qu'il présente. Toutes les beautés intellectuelles qui s'y trouvent, tous les rapports dont il est composé, sont autant de vérités aussi utiles et peut-être plus précieuses pour l'esprit humain que celles qui peuvent faire le fond du sujet. »

Buffon a posé le précepte et il a servi d'exemple. Le naturaliste est presque oublié, les systèmes du savant sont renversés, la gloire de l'écrivain n'a jamais brillé d'un éclat plus vif.

54. Ce mot a été aussi attribué à madame la comtesse de Montcalm, sœur de M. le duc de Richelieu.

55 Le monument du Poussin, ce peintre de prédilection de madame Récamier, fut entrepris à sa demande ; il portait cette inscription : « F. A. de Ch. à Nicolas Poussin, pour la gloire des arts et l'honneur de la France. » Exécuté par un artiste français, il fut placé dans l'église de San Lorenzo in Lucina à Rome. L'illustre chantre des martyrs eut l'heureuse idée d'y faire sculpter en bas-relief le tableau des bergers d'Arcadie, ce chef-d'œuvre de simplicité et de sentiment. « Vous ne sauriez croire, écrivait Chateaubriand, combien ce tableau convient à la sculpture. » « Cela est vrai, dit M. de Marcellus, au point de faire penser à tous ceux qui vont visiter ce monument, que le célèbre tableau est la copie du bas-relief. » — J'ai entendu murmurer en anglais que ce marbre avait été trouvé par M. de Chateaubriand, dans les fouilles de Torre-Vergata.

(Chateaubriand et son Temps.)

56. Ces détails ont été pris sur les pièces originales, conservées aux archives de la ville de Saint-Malo.

57. Extrait du procès-verbal de la réception du corps de Chateaubriand.

« Le 18 juillet 1848, à 10 heures et demie du matin, le corps a été reçu à l'entrée de la Chaussée du Sillon par M. le maire de Saint-Malo à la tête d'un immense cortége, entouré de nombreux bataillons de gardes nationales, d'un piquet d'honneur de la garnison et des flots de la population avide de s'approcher des restes de notre compatriote, et pénétrée d'un recueillement manifesté par sa contenance respectueuse.

M. le maire a dit : « Je reçois, messieurs, avec reconnaissance, au nom de mes concitoyens, le précieux dépôt que vous voulez bien nous remettre.

« Après avoir rempli le monde de son nom, l'illustre Chateaubriand, enfant de Saint-Malo, de la Bretagne, a voulu que ses restes mortels reposassent aux lieux qui l'ont vu naître. Nous avons creusé son tombeau dans un bloc de granit; il sera durable comme le temps, comme sa gloire, comme les hommages et l'admiration de ses compatriotes. »

M. le curé des Missions étrangères a dit à M. le curé de Saint-Malo : « Nous vous présentons les restes de M. de Chateaubriand, mort dans le sein de l'Église et dans les sentiments les plus purs de la foi catholique.

« Après une vie pleine de jours, de gloire, d'honneur, entouré des œuvres de son génie chrétien, il vient demander à sa patrie une tombe à côté de celle de ses pères, pour y déposer ses cendres dans la paix du Seigneur, et terminer son laborieux pèlerinage sur la terre au même lieu où il l'avait commencé. *Mortuus est in senectute bona, plenus diebus et gloria, et appositus est ad patres suos.*

« Chargé de l'honneur de marcher à côté de ces restes vénérés, tout le long du chemin qui mène à cette tombe, nous les avons suivis à travers la France, au milieu des populations nombreuses, partout émues et attendries sur son passage, avec le recueillement et le respect que commande le souvenir encore tout vivant d'un des plus nobles fils de la Bretagne catholique, de l'une des plus belles gloires de la France, de l'un des plus illustres défenseurs du Christianisme au commencement de ce siècle.

« Nous remettons entre vos mains, monsieur le curé, ce dépôt sacré qui nous avait été un moment confié au nom de la Religion, en demandant avec vous et avec ce peuple innombrable qui nous entoure, en demandant pour l'âme de ce grand homme, retournant dans le sein de Dieu, le lieu de rafraîchissement, de la lumière et de la paix. »

M. le curé de Saint-Malo a dit :

« Oui, monsieur le curé, il est précieux le dépôt que vous venez nous confier, aussi est-ce avec la plus vive reconnaissance que nous le recevons. Il sera, ce dépôt, la gloire et la protection de cette cité.

« Du fond de son modeste tombeau, l'illustre auteur du *Génie du Christianisme* défendra ses compatriotes, non contre ce fougueux élément qui, chaque jour, vient en mugissant battre les remparts, mais contre une puissance mille fois plus formidable, celles des doctrines impies et antisociales qui menacent d'arracher toutes les sociétés à leur fondement et de faire du monde entier un monceau de débris et de ruines ; du haut de ce rocher solitaire, qui désormais possédera la dépouille mortelle de ce génie si vaste et si fécond, de cette âme si noble et si généreuse, l'enfant de la Bretagne enseignera au pays qui l'a vu naître le respect et l'amour d'une religion qu'il a si glorieusement défendue pendant sa vie, et dont par cette mort si édifiante que vous venez de nous peindre, monsieur le curé, il a essuyé les larmes au jour de son affliction et de sa douleur. Il dira à ses compatriotes : Vous qui avez eu le même berceau que moi, vous à la piété de qui j'ai confié et la garde de mes cendres et la gloire d'ouvrir à mon âme par vos prières les portes du ciel, soyez toujours fidèles à cette religion dont j'aimais à vous raconter les divines beautés, les ineffables consolations ; soyez fidèles à cette religion qui porte écrit sur sa bannière non-seulement : Tu ne tueras pas, tu ne voleras pas ; mais encore : Tu aimeras ton prochain comme toi-même. Elle seule peut raffermir sur ses bases l'édifice social menaçant de nous ensevelir sous ses ruines ; que le Christ soit donc pour vous, comme il le fut pour moi, le sauveur du monde au point de vue social ; qu'il soit votre Roi en même temps que votre Dieu. Il adoucira sur cette terre d'exil l'amertume de vos chagrins, il vous assurera dans une vie meilleure un bonheur seul capable de satisfaire vos désirs, de remplir l'immensité de vos cœurs! » (*Archives de Saint-Malo.*)

58. Chateaubriand avait rapporté cette mélodie des montagnes de l'Auvergne ; en ralentissant la mesure, il en a changé le rhythme et l'expression.

59. Ce n'est point une invention de notre part ; M. Ampère, dans son rapport à l'Académie sur les funérailles de Chateaubriand, a signalé ce coup de vent qui ressemblait à une tempête. M. (Amiel, dans son tableau du Grand-Bey, en a tiré un heureux parti.

FIN.

PARIS. — Imprimerie Paul Dupont, rue de Grenelle-Saint-Honoré, 45.